TEACCHプログラムに基づく

自閉症・知的障害児・者のための自立課題アイデア集

[監修]諏訪利明　[著]林 大輔

目的別に選べる **102** 例

第**2**集

中央法規

監修のことば

　我々の仕事の面白さの一つは、「何かを生み出すことではないか」と考えることがある。

　単調な日常業務に忙殺される中で、毎日のルーチンをしっかりこなすこと。それはそれでもちろん大切だけれど、支援はそれだけでは終わらない。支援をする相手に別の可能性を見出したり、本人の新しい一歩に貢献したりすることができた時に、わずかなことだけれど手応えが生まれるだろう。支援者としてのちょっとした自信といってもいい。

　そのことはきっと次の動きにつながるだろう。「できるだろうか?」が「できた!」に変わり、「もっと工夫してみたい」「面白くなってきた」となったら、支援現場は、以前には予想もしなかった流れに進んでいくかもしれない。

　一つ生み出したことが、次の動きを生み、さらにまた次、また次と。そうなると、後はもう止まらない。次々とひらめくアイデアが形になって、生み出されてくる「自立課題」たち。支援の仕事の中に自立課題を導入する、ということは、支援者にも利用者にも、きっと多くのいい循環を生むことになるだろう。

　本書は 2019 年に発行された『自立課題アイデア集』の続編である。続編ではあるが、最初の一歩が誰にでも踏み出しやすいように、さらに構成されている。面白そうだ、と感じたなら、だまされたと思って試しに一つ作ってみたらいい。そしてやってみたらいい。その結果がどこにつながっていくのか、支援の一つの方向として、ぜひ多くの現場で試されていくことを願っている。

2023 年 3 月

川崎医療福祉大学

准教授　諏訪利明

はじめに

　この本は、2019 年に出版した『TEACCH プログラムに基づく自閉症児・者のための自立課題アイデア集』の続編となります。その刊行当時よりも、さらに洗練された自立課題の新作を掲載しています。

　自立課題による療育をはじめたい方の、「何からはじめたらよいのか」「どうやって作ればよいのか」という疑問にお応えできるよう、「作り方」を重視した構成になっています。

　そして、さまざまな特性をおもちの自閉症や知的障害のある方が楽しく取り組めるよう、豊富なジャンルや形状で実際に導入されている自立課題を厳選して掲載しています。

　自立課題作りのような「制作が得意！」というスタッフにはさらにアイデアが膨らむヒントが、「ちょっと苦手……」という人にもはじめの一歩を踏み出せるヒントが、たくさん掲載されています。

　私は、前作の執筆後も自立課題作りを続けてきました。今では 400 個以上を数えます。「これだけの数をいつ作っているの？」とよく質問されます。

　たくさんの自立課題があり、毎日バリエーション豊富に提供できれば、利用者さんの活動は豊かになり、情緒は自然と落ち着き、活動中、支援者はほとんど見守りのみですむようになります。そうして空いた時間を使って、支援者はまた新たな自立課題を作り、提供することで利用者さんがさらに安定した日課になるという、よいサイクルができあがるのです。

　自立課題で、自閉症や知的障害のある方が安定した毎日を送れるように、私は今日も自立課題を作り続けています。本書を活用してもらうことで、多くの方の生活がよりよくなっていくことを願っています。

　本書の制作にあたり、監修していただいた諏訪利明先生、企画・編集していただいた中央法規出版の平林敦史さん、星野雪絵さん、編集工房まるの西村舞由子さんにご尽力いただきました。みなさまのご配慮のおかげでこの本ができあがりました。厚く感謝いたします。

2023 年 3 月

たくと大府 施設長　林 大輔

Contents

自立課題制作の流れ

Plan1

観察する（アセスメント）

本人の「好きなこと」「現在のスキル」
「素材を扱った経験」を確認しよう

Plan2

記録し、共有する

観察でわかったことを記録して
スタッフ間で情報共有しよう

Plan3

ねらいを見つける

アセスメントをもとに、本人にはいま
どんな自立課題が必要か考えてみよう

Create1

道具をそろえる

思いついたらすぐ作成！
いつでも作れるよう、道具を手近にそろえよう

Create2

材料を仕入れる

身の回りや
100 円ショップで手軽に探そう

制作の流れ

Create3 　材料を加工する
仕入れた材料を
自立課題として使いやすく加工しよう

Create4 　自立課題を制作する
自立課題の「3タイプ」と
「視覚的構造化」を意識して作ろう

完成！ 　仕上がりをスタッフで確認しよう

Review1 　取り組んでもらう
いつ、どこで、どのくらいの時間
何種類取り組むか計画しよう

Review2 　評価し、改善する
成果を評価して、難易度を調整し、さらに
ぴったりな自立課題にバージョンアップしよう

Plan1 観察する（アセスメント）

自立課題を作るには、まずはじめに、利用者の生活をよく観察してみましょう。自立課題のアセスメントをする上では、自閉症・知的障害の特性の中でも、以下の3つのポイントに着眼して観察するといいでしょう。

①好きなことを発見しよう

普段の生活をよく観察したり、家族や本人をよく知る人からどんな過ごし方をしているか聞き取ったりして、本人が時間を忘れてしまうくらい「好き」なことの情報を集めましょう。例えば、「○○というアニメのキャラクターが好き」「青色のものが好き」「車が出てくる絵本が好き」「食べ物・飲み物が好き」など、思わぬ発見があるかもしれません。人は誰でも好きなことには夢中になれます。好きなことを自立課題に活用するのが基本です。

②スキルを確認しよう

今できるスキルはすぐに自立課題として活用できます。さらに、もう少しでできそうなスキルは、自立課題で練習することでできるようになるかもしれません。そのため、本人の「できる」「もうすぐできる」スキルを確認しましょう。
スキルは多種多様です。知的なスキルには、文字や数字、時計やお金、イラストや写真、シンボルや形などの理解があります。身体的なスキルとしては、ひねる、引っ張る、押す、つまむ、ひっかける、はがすなどの「微細運動」と呼ばれる指先の運動、また、走る、跳ぶ、投げる、重い物を持つなどの身体全体を使った「粗大運動」と呼ばれる動きのスキルも把握しましょう。

③素材の扱いの経験を調べよう

自閉症や知的障害のある人は、力加減の調整が苦手だったり、ものの扱い方が荒いことがあるので、ガラスや陶器のような割れ物をそばに置かないようにされていたりして、触ったことがない人もいるのではないでしょうか。そういった配慮の必要な素材でも、構造化された自立課題として提供することで、安全に触れる経験を積むことができます。本人がまだ触れたことのない素材があるか、それは何かを調べましょう。

> **Plan1**
> ・本人のやる気が高まる「好きなこと」は何ですか？
> ・知的なスキル・身体的なスキルを把握していますか？
> ・扱ったことのない、割れたり壊れたりするものがありますか？

「好きなこと」「スキル」「素材の経験値」の着眼点で生活場面を観察しよう

施設の生活で……

好きなキャラクターは何かな？
どんな動きが得意かな？

自宅の生活で……

困っていることはないかな？
家族に聞き取ってみよう

**好みはもちろん、こだわりも
逆転の発想で活かそう！**

食べるのが大好き！甘い物が大好き！
やわらかいものが大好き！緑色が大好き！
などなど……
こだわりや嗜好を
利用できないかな？

**今まで扱っていない
素材を調べよう！**

「壊してしまうから」と
これまでにあまり
触れたことのない素材が
ないか調べよう

Plan2 記録し、共有する

知り得た情報を整理する

Plan1 で得たアセスメントの「情報」は、整理しておかないと忘れてしまいます。右のページのようなシートを作って記録しておくとよいでしょう。「自立課題評価シート」※というフォーマットもありますが、残したい情報は、シートの項目にかかわらず記録しておきましょう。複数の支援者でシートを共有すれば、1人では気づけなかった新たな発見があるかもしれません。

本人のできることが増えたら、シートに追記していきます。記録を続け、「できる」の項目が増えると、できるようになった成果が目で確認できます。本人だけでなく、支援者も成長を感じやすくなり、より充実した支援を提供したい！とモチベーションが上がります。

チームで情報を共有する

1人のスタッフが支援できる時間や量は限られているので、チーム支援はとても重要です。さらに、長期的に見ても、本人の人生には多くの支援者がかかわり、支援を継続させるため、支援のバトンをつなぐタイミングは必ずやってきます。担当者が替わる際に情報が途切れてしまわないよう、記録に残しておくことで、スムーズに引き継ぐことができます。

本人のできることは必ず増え、支援も変化していきます。情報はいわば積み重ねの「貯金」。その財産を失わないように、情報を記録して引き継いでいきましょう。

複数人で情報を検討するとアイデアが浮かぶ

自立課題を作る時、1人ではアイデアが浮かばない場合でも、チームで情報を共有し、さまざまな視点で意見交換することでアイデアが浮かんでくることもあります。自立課題作りはアイデアが勝負。行き詰まった時はシートを支援者に回覧して、新たな発想を得ましょう！

※拙著『TEACCHプログラムに基づく自閉症児・者のための自立課題アイデア集』（中央法規出版、2019年）
　p145 に掲載

Plan2
・残しておきたい情報を記録できるフォーマットはありますか？
・情報の抜け・漏れがないか、チームで確認しましたか？
・みんなで記録を見ながらアイデアを出してみましたか？

観察内容を記録して、チームで情報共有&アイデアを出し合おう！

Aさんの情報シート

自立課題領域	できる◎ 芽生え△ できない✕		必要な配慮
	スキル	備考	
① マッチング ② 分類 ③ 学習	◎ ひらがな △ カタカナ ✕ 漢字 ✕ アルファベット △ 数字 □ お金	・ひらがなは 50音すべてわかる ・数字は1～5 くらいならわかる	漢字はわからないのでひらがなで課題を作ること
④ 組み立て ⑤ 分解 ⑥ 微細運動 ⑦ パッケージング	✕ 道具(ドライバー・ハサミ等) ◎ かぶせる △ ねじる ◎ つまむ ◎ 押し込む ◎ 引っ張る ◎ 穴にさす ◎ 抜き取る ◎ はがす ◎ 引っかける ◎ めくる	・道具は危険なので使った経験がない ・指先は器用なので大抵の動作は可能	細かい動作ができるので小さな部品を使いたい 危険がなことそうであれば道具を使った課題にチャレンジしてもらいたい
⑧ プットイン	◎ 穴に入れる	音が鳴るような課題が好き	
⑨ 社会生活力 ⑩ 遊び	✕ 家事スキル ◎ 余暇スキル	家事やお手伝いの経験はない	タオルをたたむ程度のことをしてほしいという家族の要望あり
⑪ 粗大運動	◎ 両手で持つ ◎ バンザイ △ 投げる	大きな動きもスムーズにできる	
素材の扱い・経験	◎ 紙 △ ビニール ◎ 金属 ◎ 木材 ◎ プラスチック ✕ ガラス ◎ 繊維(糸・毛)	ものの扱いが雑なので割れものは触らないようにしているビニールは破いてしまうことがある	ガラスを使った課題にチャレンジしてもらいたい
集中力	20分くらい	自立課題の提示	3種類まで

Plan3 ねらいを見つける

その人固有の「ねらい」を見つける

自立課題はやみくもに作ればよいわけではなく、全てに「ねらい」があります。

今、本人にとってどんなことが必要なのか、自立課題で叶えたい「ねらい」を絞ってみましょう。 **Plan2** で整理した情報から、「余暇を充実させる」「スキルを伸ばす」「新たなチャレンジをしてもらう」など、その人独自のねらいを設定します。自立課題はそのねらいを達成するためのツールの一つなのです。

「○○ができる」というねらいを優先的に

人によっては、「ねらい」がたくさんある場合もあります。自立課題を一度にたくさん作ることは難しいので、ねらいに優先順位をつけましょう。

本人にとって何がより求められているかは、それぞれ異なります。生活に役立つことがより必要なのか、学習に役立つことがより大切なのか、人によって優先度は変わってきます。何ができるようになることが、本人にとって最優先でしょうか? 考えてみましょう。

自立課題は主に「ねらい」を達成するためのツールです。多くの場合、「○○ができるようになるため」に設定された自立課題の優先度が高いといえます。

重度の知的障害や強度行動障害の人の「ねらい」

日々の活動レパートリーが少なく、取り組めることがない人や、自傷や他害、破壊など不適応行動が出てしまう人、落ち着いて活動できない人には、まず「活動メニューを充実させる」ことを「ねらい」として、取り組んで完成させること自体を目的とする自立課題の優先度が高くなります。つまり、自立課題をツールにして何かを獲得する前提として、自立課題に取り組んで達成することそのものが目標になる場合もあるのです。

活動メニューが増え、精神面も落ち着いてきたら、自立課題を通して何かを身につけるなど、「ねらい」を増やせるチャンスがやってきます。

Plan3
- 「自立課題を行うこと」はできそうですか?
- 「本人が最優先でできるようになりたいこと」は何ですか?
- 支援者が作りやすそうなのは、どの自立課題ですか?

自立課題を使って、何を「ねらう」？ どんな「ねらい」が最優先？

支援者の頭の中で……

活動に直接結びつく「ねらい」や
現在の生活に活かせる「ねらい」は
優先度が高い

とにかく「自立課題を行う」ことが
「ねらい」の場合もある

Create1 道具をそろえる

すぐ作り出せるように、自立課題制作に便利な道具は、事前にそろえておきましょう。
以下の①〜⑤の道具を用意しておくととても便利です。

① パソコン

自立課題の部品に貼り付けるイラストや写真などを検索してダウンロードする時などに使
います。特に著作権フリー・無料で使えるイラストサイトは、とても便利！ 欲しい画像を
たくさん入手することができます。スマートフォンやタブレットでも検索できますが、画像
を加工する必要がある場合も多いので、やはりパソコンが使いやすいでしょう。

② カメラ・スマートフォン

学校や施設で使っていて身近にあるがインターネット上にないものは、カメラやスマート
フォンで撮影しましょう。自立課題の場合、高画質である必要はなく、多くの画像が必要
な場合が多いので、低画質で加工しやすい設定にしましょう。

③ カラープリンター

①②で用意した画像を印刷します。活動の幅がぐんと広がるため、ぜひカラー機能のある
ものを用意してください。コピー機能があると、同じ画像をたくさん使いたい時にとても重
宝します。

④ ラミネーター

紙など破れやすいものには、ラミネート加工が必須です。印刷用紙のままでは強度が足
りず、ものの扱いが荒い人やものを壊してしまう人は簡単に破ってしまいます。

⑤ 面ファスナー

マジックテープ® に代表される面ファスナーは、特にラミネートシートとの相性がよく、取れ
にくくなります。100 円ショップでも購入できますが、インターネット通販などで長いもの
を大量に買うと安く手に入ります。

> **Create1**
> ・自施設で使いやすそうなイラストサイトを調べてみましたか？
> ・ラミネーター＆ラミネートシートを用意しましたか？
> ・自立課題制作でよく使う面ファスナーを用意しましたか？

絵やイラストはフリーイラストサイト 面ファスナーはネット通販を頼ろう！

絵を描くのが苦手でも
お気に入りのイラストサイトが
あれば大丈夫！

ラミネーターがあれば
破れないように保護できる！

面ファスナーは
自立課題制作に最重要＆
高価な道具

裏面に粘着テープがついているものを
お得に手に入れよう！

Create2 材料を仕入れる

身の回りのものを集める

自立課題は家庭や施設などにあるものを活用して作ることができます。例えば、贈答用のお菓子の箱はしっかりしており、中も均一な空間に仕切られていて、視覚的構造化に便利です。強度が劣る場合があるので、テープで全体を補強しましょう。

派手で刺激の多いデザインの場合、色紙を貼ったり色を塗ったりしてもよいでしょう。

大きな箱で机からはみ出す場合は、小さく加工してもよいですが、手を加えると中の空間に少しズレが生じるので、最低限の加工にとどめましょう。

お茶や水のペットボトルなども丈夫で加工しやすく、デザインもシンプルでにおいも少ないので、使いやすい材料です。肉や魚のトレイ、パックなども活用できますが、においがしたり、サイズやデザインの修正が難しかったりすることがあります。

100円ショップで選ぶ

100円ショップの製品は、中仕切りや色などに統一感があり、自閉症や知的障害のある人に好まれやすい形状・性状のものが多くあります。数が増えればそれなりの出費になるので注意が必要ですが、それでも100円ショップの既製品は手作りよりはるかに品質が高く、丈夫さではかないません。自立課題として長く使うなら、既製品をおすすめします。

ストロー・ネジ・容器などは豊富なサイズがあり、数も多く入っているのでとても重宝します。自立課題は使用しているうちに小さな部品がなくなりやすく、また後々自立課題の難易度を上げるために部品の数を増やすこともあります。どこにでもあってすぐに買い足せるものを選びましょう。

フリーマーケットサイトで探す

例外として、フリーマーケットサイトを活用する場合もあります。「工作用」というキーワードで調べてみると、「緑色のボトルキャップのみ50個」「MDケースのみ40個」など、集めるのが大変で、かつどこにでも売っているわけではないものを手軽に入手できることがあります。

Create2
- 使えそうな空箱やペットボトルをとってありますか？
- 100円ショップに使えそうなものはありましたか？
- フリーマーケットサイトには役立ちそうなものがありましたか？

身近なものでどんどん作ろう！
100円ショップは自立課題の
材料の宝庫！

自宅に使えそうな箱や容器が
あったらとりあえずキープ！

100円ショップをぶらぶらして
自立課題のアイデアを
練るのも一手

フリーマーケットサイトで
レアな商品・掘り出し物が
見つかることも！

Create3 材料を加工する

材料は、自立課題に使いやすいかという観点で補強したり加工したりする必要があります。

机の上で扱えるサイズ・質感か?

自立課題は、机で取り組む習慣を身につけるために、ほとんどが机の上で行えるように作ります。したがって、机の上からはみ出る、すべって落ちやすい、手で持ちにくいなどの材料は使いにくいです。小さくしたり、すべり止めを貼ったりするなどして工夫しましょう。

材料は分解しやすくないか?

部品がいくつかに分かれていると、分解したくなる特性をもつ人が少なくありません。自立課題のねらいが「分解」である場合以外は、簡単に外れる、隙間が空きすぎているなどの作りの材料は、分解できないように加工しましょう。

手荒に扱っても壊れにくそうか?

自立課題はくり返し使います。時間の経過により劣化してしまうもの、何度か触ると壊れてしまうものはもちろん、投げたり、噛んだり、叩いたりすることも想定し、それに耐え得るように補強しましょう。

色・模様などが整然と並んだ状態か?

自立課題では、規則正しく並んでいる、同じ大きさ・高さ・長さである、色や模様に統一感があるといった、「視覚的組織化」がされたものが好まれやすいです。バラバラ・ランダムな違いが出ないよう、余分なところを取り除き、なるべく均等に見えるように加工しましょう。

口に入れたり投げたりしても大丈夫か?

自立課題の導入直後は、何かわからず、部品を口に入れたり遊んだりしようとすることがあります。特に鋭利な突起などがあると大変危険です。カッターナイフで削る、やすりでこするなど、加工が必要な場合があります。

> **Create3**
> ・何度でも使えるように丈夫になっていますか?
> ・手で扱えるような大きさになっていますか?
> ・触れたり口に入れたりすると危ない部分はありませんか?

安心・丈夫・わかりやすい 使いやすい材料に変身させよう！

分割しやすいものは 分解できないようにしておこう！

板を重ねて厚みのあるものを作る場合、板同士をテープやボンドでつけるだけでははがされてしまう可能性があります。ネジでしっかり固定して、取れないようにしておきます。

手荒に扱われても壊れないように テープなどで補強しよう！

おはじきのプットイン課題で、容器のふたに切り込みを入れる際、無理に押し込んで切り込みが裂けないようにテープで補強しておきます。色のついたテープを使えば、同時に「視覚的明瞭化」もできます。

持っても投げても 安全であることを確認しよう！

作ったものを落としてみて 壊れないか、危なくないか 確認しておこう

Create4 自立課題を制作する

自立課題には主に以下の3タイプがあります。
また、活動が成功する作り方として、「視覚的構造化の3要素」を押さえておきましょう。

Type1 シューボックス課題

靴箱のような箱（シューボックス）やトレイに入っている形状の自立課題です。目に入り
やすく、手に取りやすいのが特徴で、プットインや社会生活、学習の要素などさまざまな
バリエーションで作ることができます。

その反面、終わって片づける時に目につくため、再びはじめようとしてしまう可能性がある
ので、終わった自立課題を入れる「おしまい箱」を用意するなど、工夫が必要なこともあ
ります。また、増えてくると場所をとるので、保管場所の確保も必要です。

Type2 ファイリング課題

その名のとおり、ファイルにまとめられた形状の自立課題です。ノートや紙ファイルに挟ん
だもの、紙をラミネートしたものが代表的です。閉じたら「終わり」とわかりやすく、次
の自立課題や行動に切り替えやすい利点があります。また、場所をとらないので量産して
も置き場に困りません。

その反面、立体感に乏しく、目立たないので手に取りにくいことがあります。薄い素材し
か使えないので、バリエーションをつけにくい難点もあります。

Type3 マグネット課題

ホワイトボードとマグネットを用いた自立課題です。マグネットの「ぴったり」くっつく感
触や、つけると部品があまり動かず完成した状態を維持しやすいのが好まれる理由です。
また、ファイリング課題より存在感があり目に止まりやすいです。

その反面、バリエーションがつけにくく、ファイリング課題よりもコストが少し割高です。
薄くてもたためないので、意外と場所もとります。

Create4
・今作りたい自立課題は、どのタイプが適していますか？
・本人は、どのタイプの自立課題が扱いやすそうですか？
・完成したら、まずスタッフ同士で試してみましたか？

「自立課題の3タイプ」と 「視覚的構造化の3要素」を 押さえて、いよいよ制作！

ここから選んで作ろう！　自立課題の3タイプ

	メリット	デメリット
シューボックス課題	・バリエーション豊富 ・目につきやすく手に取りやすい	・「終わり」がわかりにくい ・置き場に困る
ファイリング課題	・「終わり」がわかりやすい ・置き場に困らない	・バリエーションに乏しい ・目立たず手に取られにくい
マグネット課題	・くっつき感が好まれやすい ・完成した状態を維持しやすい	・バリエーションに乏しい ・置き場に困る

制作前にあらかじめ
タイプを決めておくと
構想を練りやすい
すべてのタイプを作って
特徴をつかもう！

しっかり押さえて作りたい！　「視覚的構造化の3要素」

自立課題は「視覚的構造化」の集合体。視覚的構造化は、「視覚的指示」「視覚的明瞭化」「視覚的組織化」の3要素から成り立っています。これら3要素がそろうことで、1人でも自立的に取り組むことができる自立課題が生まれます。

視覚的指示
一目で何を求められているのかを理解する要素
例：材料を入れる空間に見本として1個入っているので、どの色をどの空間に入れるか指示されている

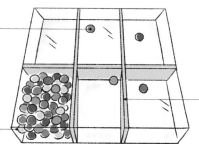

視覚的組織化
整然と規律正しくまとまっている要素
例：材料を入れる空間が明確に区分されている

視覚的明瞭化
注意が散漫になりやすい人でもどこに注目すればよいのかわかる要素
例：材料の色がハッキリと違う色になっている

楽しく作ろう！

本人が取り組む姿を想像
しながら作ると楽しい

まずはスタッフ同士で
やってみると楽しい

Review1 取り組んでもらう

いつ取り組む？　3つの場面

自立課題には幅広い用途がありますが、主に3つの場面が考えられます。

①**作業場面**　成人施設では、工場などから提供される作業で工賃を得る場合があります。工場の作業にうまく取り組めない人の場合、代わりに作業的な自立課題をスケジュールに設定して提供します。作業活動が目的なので、組み立てやパッケージングなどの自立課題を複数連続してできるように設定するとよいでしょう。継続的にくり返すことで、作業スキル全体の向上につながります。
②**療育場面**　例えば、アセスメントで「ひねる」「はがす」動きが苦手だとわかった場合、それらをピンポイントでスキルアップさせるような自立課題を療育の時間で設定します。ある種の「トレーニング」ともいえるので、長時間の設定はしないようにしましょう。
③**余暇場面**　自由時間に、楽しみの一つとして自立課題を提供することもできます。楽しい時間ですから、本人の大好きなものを準備してください。定着すれば、余暇時間になると自ら準備して取り組むことができるようになります。

どこで取り組む？

自立課題に取り組む場所は決めておいたほうがよいでしょう。自宅にしろ、学校・施設にしろ、空間を他者と共有しなければなりません。自由すぎてしまうと、他者のプライベートな空間に入ったり、共有すべき空間を独占してしまったりして、トラブルに発展することがあります。作業場面、療育場面、余暇場面、それぞれで場所を決めておきましょう。

取り組む時間・数は？

どんなに好きな自立課題でも、何時間も続けるのは長すぎます。1日のスケジュールの中の一つが自立課題の時間です。「○種類やったら」「○時になるまで」など、「終わり」の目安を設定しておきましょう。人によって、どのように設定したら次の活動に切り替えやすいかが異なるので、いろいろなやり方を試してみましょう。

Review1
・作業、療育、余暇の各場面でどんな自立課題がふさわしいですか？
・施設内に構造化された環境を作れますか？
・その人にとっての「終わり」の指示は何が適切ですか？

自立課題に取り組む環境にも「構造化」を使おう！

3つの場面に適した自立課題を！

作業場面

作業スキルが向上する自立課題

余暇場面

大好きなこと・ものを楽しむ自立課題

療育場面

苦手なことができるようになるトレーニング的な自立課題

「環境の構造化」って？

物理的構造化（刺激の制限）

スケジュール

ワークシステム

物理的構造化 （場所の構造化）	パーテーションなどで過剰な刺激を制限して集中できるようにしたり、「この場所では○○をする」と、場所と活動の一対一化をすること。「ここにカバンを置く」と指示したり、本人に合ったいすや机などを用意することも含まれる。
スケジュール （時間の構造化）	日課全体の中で、どの時間帯にどの活動をするかを設定する。自立課題の時間を設定する時は、午前・午後・給食前・散歩後など、本人が取り組みやすいスケジュールを設定する。
ワークシステム （活動の構造化）	その活動は、①何をするのか、②どれくらいするのか、③どうなったら「終わり」なのか、④終わったらどうするのかをわかりやすく示す。自立課題の活動なら、何をどの順番で行い、完成品をどこに置き、その後何をするのかを設定する。

Review2 評価し、改善する

取り組みの様子を観察する

自立課題は、基本的に1人で自立的にできるように視覚的構造化をした作りになっています。終わった後だけでなく、取り組んでいる最中も、本人を刺激しない配慮をしながら、右ページのチェックポイントについて観察しましょう。

難易度を下げる場合

自立課題は1人で達成することが大切ですが、うまくいかない経験を積み重ねると嫌になってしまいます。提供側の意図した完成形になっていなかったり、本人がつらそうだったりしたら、完成できるように難易度を下げて取り組みやすくしましょう。材料の量を減らしたり、視覚的構造化を強めたりして、さらにわかりやすくするヒントを増やしましょう。

難易度を上げる場合

あまり簡単すぎても、すぐに飽きてしまったり、集中力が切れて違うことをしはじめたりする可能性があります。作業・療育場面であれば、より高いレベルを目指してほしい場合もあります。そんな時は、分量を増やしたり、あえて視覚的構造化を弱めてランダムさを増したりすることで難易度を上げることができます。本人の様子を確認しながら、過度な負担にならない程度に調整してみましょう。

くり返し使うための強度と、現場での扱いやすさ

自立課題はくり返し使うので、終了後、支援者が元に戻す作業が毎回必要です。一度使うと部品が元に戻らないようなもので作ると、1回きりの自立課題になってしまいます。必要に応じて作り変えながら使い続けましょう。

費用対効果を考え、丈夫で何度も使うことができ、すぐに元に戻せて、毎回同じ状態ではじめられる、扱いやすい自立課題にバージョンアップしていきましょう。

本書の　3　（p45〜）では、材料の入手しやすさや組み立てやすさなどの「作りやすさ」のほかに「使いやすさ」として、こうしたバージョンアップのしやすさ、スタート時の設定（以下、スタート設定）への戻しやすさなども鑑みて、それぞれの自立課題を☆印で評価しています。

Review2

・**完成度やかかった時間は適切でしたか？**
・**材料を増やしたり、減らしたり、難易度の調整は必要ですか？**
・**スタート設定に戻しやすいように工夫することは可能ですか？**

自立課題をバージョンアップしてできることをもっと増やそう！

自立課題の評価チェックポイント

	チェック項目	不十分な場合
☐	自分で準備し、完成させ、終わることができているか？	ワークシステムが不足しているので強めましょう
☐	正しく完成しているか？	視覚的構造化が不足しているので強めましょう
☐	時間内に完成できたか？	自立課題評価シートの持続時間内だったか確認しましょう
☐	前向きに取り組めているか？	本人の興味・関心に合った素材・テーマか確認しましょう
☐	危険な要素はなかったか？	自立課題の設計を見直しましょう
☐	難しすぎたり簡単すぎたりしていないか？	視覚的構造化または分量の調整をしましょう
☐	自立課題を通してねらいを達成できたか？	ねらいの到達点を低くしましょう
☐	全体的にスムーズか？	環境の物理的構造化とワークシステムを見直しましょう
☐	つまずいている工程はなかったか？	視覚的構造化が不足しているので強めましょう
☐	途中で集中力が切れた場面はなかったか？	環境の物理的構造化と自立課題の分量を調整しましょう

よりスピーディーに原状回復できるように改良しよう

元の状態に素早く戻せれば、支援者の時間が節約できる！

この自立課題は、以前は消しゴムの色分類でした。しかし、スタート設定に戻すために傾けても消しゴムは落ちにくく、ランダムに混ぜるのも難しい素材でした。
消しゴムをストローに変更することで、するっと落ちて混ぜやすく、スタート設定に戻しやすくなりました。

壊れる前に補強しよう！

もうすぐ壊れそう、もっと丈夫にしないとそのうち壊れるという箇所は、壊れる前に補強を！

マグネットタイプの自立課題は、マグネットにのりやテープで貼ってある紙が徐々にはがれやすいです。その都度テープやのりで貼り直したり、一から作り直したりしましょう。

いきなり自立課題では難しい?
という時に有効な「一対一活動」

　ここまでに述べたとおり、自立課題は自分ではじめ、自分で終われることを目標としています。はじめて目にする自立課題でも、視覚的構造化の3要素により、1人で理解して1人でできるようにできています。

　しかし、中には練習が必要なものや、はじめての動作を求めるものがあります。そんな時は、一対一活動で教えながら練習するという方法があります。支援者と一対一で向き合える部屋や場所を設定し、やり方を伝えつつ、本人にその動作ができるか、継続的に取り組めるかなどをアセスメントします。その結果、自立課題を作り直すこともありますし、視覚的構造化を再構造化することもあります。通常は、1回の一対一活動で、すぐマスターできることが多いでしょう。再構造化する場合でも、2～3回程度で自立課題に移行できます。

　ポイントは、自立課題を取り組む場所と、一対一活動をする場所を別に設定することです。そうすれば、自立課題に取り組む場所は、支援者の力を借りず、「自分の力で自信をもって達成できる空間」「自立的に動くことができる場所」として本人も自覚できます。支援者がかかわらなくても自分でできるという自尊心を大切にしましょう。

　一対一活動でできる目処が立てば、完成までのエラーがなくなり、自信をもって取り組むことができるようになり、自立課題として日課に導入することができます。

自立課題作りで押さえたい
3つのタイプ

Type I シューボックス①

田んぼにかかしを立てよう

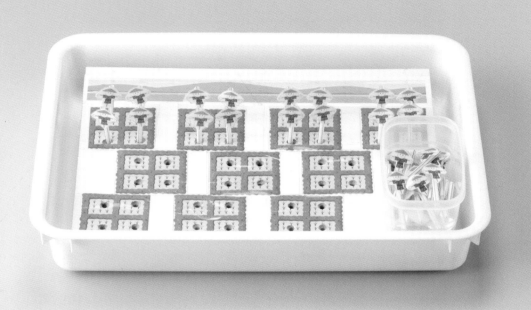

田んぼのイラストにあいている穴に、かかしをさしていきます。
プットインによる微細運動スキルをねらいにしつつ、「かかしは田んぼにある」という文化風習を学びます。

シューボックスタイプ 制作のポイント

・プットインでは穴がどこにあいているか、明確にわかるようにする
・穴とさし込むものとのサイズがぴったりになるようにする
・その「もの」の役割を知らなくても完成できるようにする

材料
❶ シューボックストレイ
❷ 穴あきパンチボード
❸ 田んぼとかかしのイラスト
❹ ストロー
❺ 小ケース

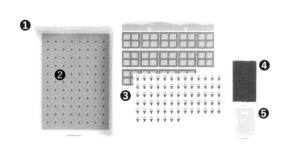

1 イラストをダウンロードする

田んぼとかかしのイラストをダウンロードします。パンチボードに収まるサイズに大きさを調整して印刷しましょう。田んぼのサイズに適した大きさになるよう、かかしのサイズを調整して印刷します。

2 イラストを切ってラミネートする

田んぼのイラストはラミネート加工で強度を出してから、パンチボードにのりやテープで貼り付けます。かかしは小さくて切りにくいですが、形どおりに切り、これもラミネート加工しましょう。

3 かかしを作る

パンチボードの穴にちょうどよくさし込める太さのストローを用意し、かかしの裏側にテープで止めます。ストローの長さは、田んぼやかかしの大きさ・穴の深さと比べながら調整しましょう。

ここがポイント！

「ぴったりサイズ」が成功のカギ！

このかかしのストローなど、穴にちょうどよい手ごたえでさし込め、そこである程度支えられるものを選ぶのがコツ。穴にさしてもフラフラしていると、気になって手が止まってしまう可能性があります。

https://chuohoki.socialcast.jp/contents/526

4 田んぼに穴をあける

田んぼのイラストに位置するパンチボードの穴を見つけ、穴をあけます。カッターナイフでもできますが、円形の彫刻刀で切りあけたり、穴あけ用の針で徐々に穴を広げたりする方法もあります。

完成！

かかしは散らばらないように小ケースに入れ、シューボックストレイの定位置に置きます。トレイ内をパンチボードと小ケースのみにすることで、余計な刺激はなく、何を求められているかわかりやすくなり、エラーの出ないセッティングができます。

Type I シューボックス②

shoe box

やきとりを作ろう 目指せ串打ち名人

普段食べているおいしいやきとりを、串にさすところから作ることを体験します。楽しみながら、棒に何かを通していく活動を身につけることができます。

シューボックスタイプ 制作のポイント

・目につき手に取りやすくなるように立体感を出す
・トレイ内に、**複数の小ケースを全てぴったり収める**
・トレイ内の小ケースを、面ファスナーで固定する

材料
❶ シューボックストレイ
❷ やきとりや串を載せる皿
❸ やきとりのイラスト
❹ やきとり具材用のストロー
❺ 串用の曲がるストロー
❻ テープ

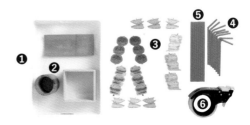

1 イラストをダウンロードする

イラストでもやきとりとわかるものを選びます。複数の種類を作るなら、統一感を出すため同じイラストサイトから選ぶとよいでしょう。具材は両面必要なので、左右反転させて、1串3個分×作りたい本数（＋皿用片面3個分）を印刷します。

2 印刷イラストの表面を強化

やきとりの具材部分は、直接何度も手で触ることになるので、テープで全面強化しましょう。先にテープを貼っておいてから、はさみで1個ずつ切ると楽です。

3 やきとりの具材部分を作る

やきとりの具材イラスト2枚の間にストローを挟んで、のりとテープで止めます。ふちははがれやすいため、特にしっかりのりづけしましょう。隙間があると活動中にはがしたくなってしまいます。

ここがポイント！

ストローの太さの違いによるスムーズさが大切

串部分のストローは、具材部分のストローよりも細いものを選び、スムーズに抜きさしできるようにします。
ストローの曲がる部分を曲げておくと、具材が下から抜け落ちません。

https://chuohoki.socialcast.jp/contents/527

4 串のストローを適したサイズに切る

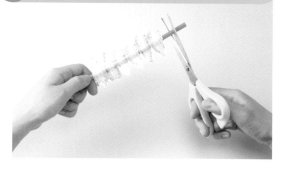

さした具材が多少動いても串から落ちないように、串の先を3cmほどゆとりをもたせて切りましょう。

完成！

複数の種類のやきとりを皿に置くという「分類」の要素が入るので、あらかじめ皿の文字や見本などで置き場所を示しておきます。具材はまとめて小ケースに入れ、串は目につきやすいように立ててセットしましょう。

Type I シューボックス③

クレープ屋さんをはじめよう

材料を組み合わせたり巻いたりして、食べ物を作るイメージを学びます。食材を包む様子や、折り込んで固定するという工程を体験できます。

シューボックスタイプ 制作のポイント

・いつも食べている、身近で好きなものを題材にすると、親近感がわく

・横置き・縦置きを使い分けることで、立体感を出す

・トレイに載る手に取りやすいサイズに調整する

材料
❶ シューボックストレイ
❷ 小ケース（クレープ生地と具材を入れておく）
❸ 箱（完成品を立てて置く）
❹ クレープ生地用折紙
❺ 具材のイラストまたは写真
❻ 面ファスナー
　 ラミネートシート

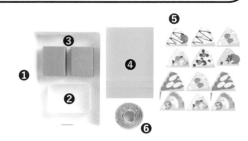

① 具材のイラスト・写真をダウンロードする

具材を選べるように複数の種類を用意する場合、イラストでは限界があるので、実物の写真を使ってもよいでしょう。いろいろな具材があることも同時に学ぶことができます。

② 生地と具材を切ってラミネートする

生地と具材が自立課題に適したサイズになるように調整して印刷します。何度も手に触れる部分なので、どちらもラミネートで強化します。

③ 生地に折り目をつける

ラミネートされた生地に、具材が包めるよう折り目をつけます。完成をイメージしながら、どの位置で折り曲げると適切か考えましょう。

ここがポイント！

**ラミネート加工した
材料を折るとき**

ラミネートは非常に強度が高く、人の手では容易に破れません。一方で、何度折り曲げても戻せるので、包む、折り込むといった動作を求める課題の素材を補強するのには最適です。何度も曲げて折り目を定着させましょう。

https://chuohoki.socialcast.jp/contents/528

④ 生地に面ファスナーを貼る

生地を折り曲げたまま維持できるように、内側に面ファスナーを貼ります。折り目をつけても少し戻ることで、立体感が出ます。完成品を立てる箱には切り込みを入れます。縦置きにすることで立体感を出しましょう。

完成！

具材はバラバラにならないように小ケースに、生地は重ねてまとめて置いておきます。完成品を立てる部分にペンなどで色をつけておくと、さす箇所を見つけやすくなります。完成見本を1つさしておくと、よりスタートしやすいでしょう。

Type II ファイリング

Filing

たくさん？ すこし？ はんぶん？

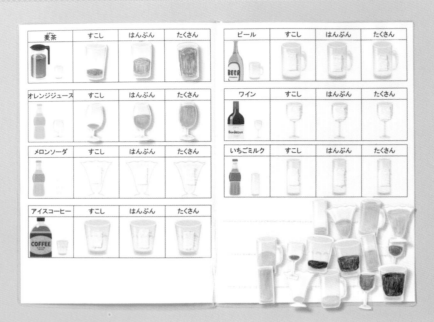

> 自閉症のある人は、「多い」「少ない」など概念的な考え方が苦手な場合が少なくありません。日常生活で頻繁に使う抽象的な表現を知っておくことがねらいです。

ファイリングタイプ 制作のポイント

・下地を表にすることで視覚的構造化がしやすい
・イラストで表現しきれない部分は手書きで付け加える
・面ファスナーを使うことで、平面のファイルに立体感が出る

材料
❶ ジュースなどの飲み物のイラスト
❷ さまざまな形のコップのイラスト
❸ 色鉛筆（コップのイラストに飲み物を示す色を塗る）
❹ 面ファスナー
❺ ラミネートシート

1　イラストを貼る下地を表計算ソフトで作る

ファイリング課題の下地となる表を表計算ソフトなどで作ります。視覚的構造化を意識し、均一の行・列幅で作表しましょう。A4コピー用紙を2枚使ってA3サイズにすると、中央に折り目ができ、たたみやすくなります。

2　飲み物・コップのイラストを印刷して切る

中身をイメージさせる透明なコップのイラストを①の表にレイアウトします。飲み物のイラストは、日常的に目にするもので余計なデザインのないシンプルなものがよいでしょう。さらに、コップのみ3つずつならべて印刷し、形に沿って切ります。

3　印刷したコップのイラストに色をぬる

「たくさん」「すこし」「はんぶん」の量の飲み物の色を塗ります。「すこし」「はんぶん」は、どれくらいだとそう見えるか、想像しながら塗りましょう。色鉛筆のやや薄い発色が、目立ちすぎずちょうどよいです。

ここがポイント！

小さなもののラミネートのしかた

小さく切ったイラストをラミネート加工する時、型どおりに切ったイラストがラミネーターに通す最中にずれて、外れたり重なってしまう場合があります。ラミネート紙にのりで軽く仮止めしておくと、失敗が少なくなります。

https://chuohoki.socialcast.jp/contents/529

4　コップのイラストをラミネートする

ラミネートしてから形のとおりに切ります。コップのふちから数ミリ程度余白を残して切ると、ラミネートがふちに残り、はがれにくくなります。

完成！

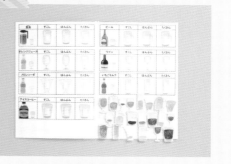

ファイリング課題は、スタート設定で、ファイルの中に全ての部品が収まっている状態にするため、部品を貼る場所を作り、そこにも面ファスナーを貼ります。コップをランダムに並べておき、選びながら取り組めるようにセッティングしましょう。

Type Ⅲ マグネット

写真をとろう「はいチーズ」

視覚優位の特性をもつ自閉症のある人には、カメラで写真を撮ることが好きな人も多くいます。デジタルカメラのフレームの形をしたマグネットで被写体の捉え方を学ぶことができます。

マグネットタイプ 制作のポイント

・立体感より密着感を出したい自立課題に適している
・はさみで切れるマグネットシートを使うと、小さく複雑な形も作れる
・ホワイトボードに貼ったイラストにテープを貼り、強度を出す

材料
❶ マグネット式ホワイトボード
❷ 被写体のイラスト
❸ カメラのイラスト
❹ 粘着式マグネットシート（はさみで切れるもの）
❺ テープ
❻ 小ケース（カメラのマグネットを入れる）

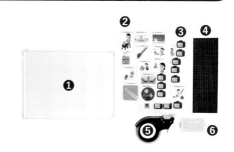

1 被写体のイラストをダウンロードする

社会的に好ましいもの（風景など）を被写体に選ぶことで、社会性も身につけることができます。カメラの液晶部分に被写体が収まる大きさになるように調整しながら印刷します。カメラのイラストは粘着式マグネットシートに直接貼ります。

2 カメラ部分の強度を高める

粘着式マグネットシートに貼ったカメラの上から、さらにテープを貼ります。こうして強度を高めると、この後の加工がしやすくなるとともに、壊れにくい自立課題になります。

3 カメラの液晶部分をカッターナイフで切る

カメラの液晶部分は、はさみだとくり抜きづらいので、カッターナイフで切り取ります。ケガのないよう慎重に行いましょう。

ここがポイント！

マグネットの磁力を活かす補強材とは？

マグネット課題は磁力を利用して密着感を出したい場合に適した素材です。部品やイラストの強度を出す場合はラミネートではなく、磁力を維持できるように薄手のテープを貼ります。

https://chuohoki.socialcast.jp/contents/530

4 被写体部分をホワイトボードに貼る

被写体イラストを、カメラのマグネットがぶつからない位置に配置して、ホワイトボードの上にのりで仮どめします。さらに強度を上げるために、全面をテープで貼り補強します。

完成！

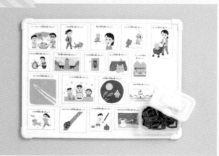

カメラのマグネットは小ケースに入れるとまとまりが出ます。あらかじめホワイトボード上にスペースを作り、小ケースの裏にもマグネットを貼って、ホワイトボードの上に載せると固定されます。

アニメやキャラクターの趣味はダメ？
年齢相応の自立課題とは？

　自立課題に限らず、趣味や余暇の幅を広げるはたらきかけをする時、その人の年齢にふさわしいものかどうかを検討することは大切です。知的障害があると、精神年齢が実年齢より低いので、大人になっても、小さな子どもが見るアニメやキャラクター、音楽など、昔から接しているものを余暇として継続的に楽しんでいる場合があります。

　長く楽しんでいるということは、それなりの理由があり、本人が望んでいることなので大きく制限をする必要はありません。一方で、支援者は年齢相応の新たな趣味や余暇を提供すべきでしょう。興味・関心の範囲が狭く、新しいことにチャレンジすることが苦手で、かつ機会がなければ、当然余暇の幅は広がりません。アニメやキャラクターなどこれまでの趣味を残しつつ、全体に占める割合を少し減らし、大人向けのものに替えていくイメージで試してみましょう。もしかすると、新たな発見があるかもしれません。

　好きなアニメやキャラクターだけでなく、利用者がよく行くお店の看板やメニュー、テレビ番組なども、自立課題の素材になり得るでしょう。偏りがないように、自立課題で余暇の幅を広げていきましょう。

3

ねらい別
自立課題制作のポイント

第1項　「プットイン」からはじめよう

パイプにボールをプットイン

shoe box

> **ここに注目!** パイプは灯油ポンプを切ったものです。透明なので中身を確認しながら取り組めます。ボールは大きめのビーズを使っています。

やり方　小ケースにビーズが入っています。固定されたパイプに色が指示されているので、その色のビーズを入れていきます。

ゴール　指定された色のビーズを、全てのパイプにいっぱいになるまで入れたらゴールです。

作りやすさ ★★☆

ビーズはいろいろなサイズが売られていますが、パイプの太さはあまり種類がなく、合うものを見つけるのが大変かもしれません。

使いやすさ ★★★

パイプを面ファスナーで外せるようにすれば、スタート設定に戻しやすく、場所をランダムに入れ替えることもできます。

視覚的構造化を盛り込む作り方

視覚的指示　パイプに色が提示されており、何色のビーズを入れるかがわかる

視覚的明瞭化　大きなビーズを使うことで、目につきやすくなる

視覚的組織化　ビーズがパイプの上まで、ちょうどよく収まる

バリエーションのつけ方

パイプの数やビーズの色数を増減することで、難易度を調整できます。

ぶどうに実をつけよう

shoe box

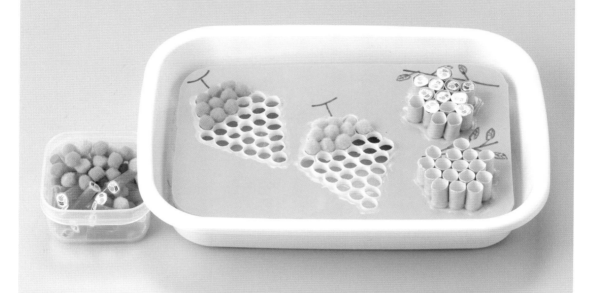

ここに注目! ぶどうの実を入れる部分は紙製のストローを切って作ります。
紙なのでのりで接着しやすく、やわらかい質感を出せます。

やり方 小ケースに入っているフェルト玉のぶどうの実を、ふ
さのストローの中に入れていきます。実は2色あるの
で、下地に示されたのと同じ色の実を入れていきます。

ゴール ぶどうの実をイメージしながら、全ての実を適切なス
トローに入れたらゴールです。

作りやすさ ★★☆

紙製のストローを、同じ長さでたくさん切る必要があります。下
地のウレタンは、接着剤でケースに固定します。

使いやすさ ★☆☆

紙製のストローを接着剤で接着していて強度が出にくいため、
力加減の調整が苦手な人は、壊してしまう可能性があります。

視覚的構造化を盛り込む作り方

視覚的指示 ぶどうの下の地色に
より、同じ色の実を入れることがわ
かる

視覚的明瞭化 紙製のストローが
立ててあり、立体感があるのでわか
りやすい

視覚的組織化 フェルト玉がスト
ローにぴったり入る

✂ バリエーションのつけ方 ✂

写真のようなハチの巣など、同じ形がたく
さんあるものでアレンジが可能です。

こいのぼりを泳がせよう

shoe box

やり方 小ケースに入っているこいのぼりを、箸のポールにさしていきます。ポールは下部に向かって太くなっているので、こいのぼりがちょうどよい高さでとまります。

ゴール 全ての家の前にこいのぼりを飾ることができたらゴールです。

作りやすさ ★☆☆

こいのぼりのポールは樹脂製の箸を切って作ります。簡単には切れないので、ケガをしないよう慎重に切り進めましょう。

使いやすさ ★★★

パンチボードと家はどちらも木製なので、木工用接着剤でしっかり固定できます。ポールも樹脂製なので、丈夫で壊れにくいです。

視覚的構造化を盛り込む作り方

視覚的指示 ポールが突き出ているので、そこにさすのだろうとわかる

視覚的明瞭化 トレイ内で立体的なのは家とポールだけなので、注目しやすい

視覚的組織化 パンチボードの穴の規則性を活かし、均一にポールが並んでいる

👉 制作のヒント

こいのぼりのさし込み口はストローです。ちょうどよい高さでとまるように切りましょう。

ケーキにろうそくをさそう

shoe box

ここに注目! プットインのスキルを実生活に活かすことができる自立課題です。
ケーキは写真を貼っています。

やり方 ケーキの上に穴があいています。穴には色がついているので、同じ色のろうそくを見つけてさしていきます。

ゴール 指定された色のろうそくを全てさし終えたらゴールです。

作りやすさ ★★☆

ケーキ台のスポンジに何度もろうそくを抜きさしすると穴が広がってしまうので、穴にストローを埋め込んで強度を確保します。

使いやすさ ★★★

ケーキのスポンジは掃除用のもので、軽くて使いやすい素材です。ろうそくはすぐに抜けるので、スタート設定に戻しやすい自立課題です。

視覚的構造化を盛り込む作り方

視覚的指示 穴に埋まっているストローの色で、何色のろうそくをさすのかがわかる

視覚的明瞭化 ストローを埋め込むことで、ろうそくをさす穴の位置が目立っている

視覚的組織化 ケーキの穴にろうそくがぴったりささる

⚲ バリエーションのつけ方 ⚲

大きなケーキにして、フルーツや砂糖菓子を載せるというアレンジもできます。

パイプにぐーるぐる

shoe box

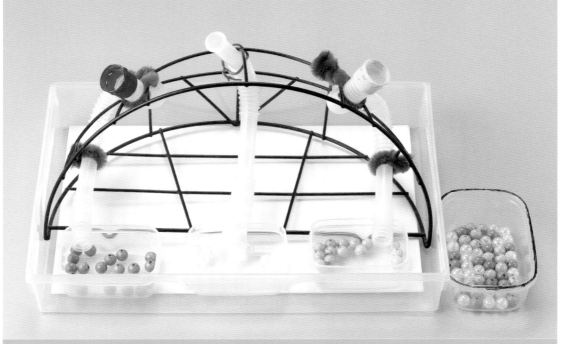

ここに注目! 灯油ポンプのパイプ部分と植木鉢を吊るすためのプランターハンギングを組み合わせた、見ていて楽しい自立課題です。

やり方 小ケースに入っている色が塗られたビーズを、同色に塗られたパイプに入れて流していきます。流れたビーズは小ケースにたまります。

ゴール 全てのビーズを同じ色のパイプに流すことができたらゴールです。

作りやすさ ★☆☆

トレイに収まるハンギングを見つけたり、ポンプのパイプを切り、ビーズがスムーズに流れるよう巻き付ける調整などが難しいです。

使いやすさ ★★☆

落ちたビーズは小ケースにたまるしくみになっているので、取り出しやすいです。取る時にパイプに引っかけないよう注意が必要です。

視覚的構造化を盛り込む作り方

視覚的指示 パイプの穴が上を向いているので、ここに入れるのだろうとわかる

視覚的明瞭化 ビーズを入れるパイプの穴の入り口に色が塗られていて、強調されている

視覚的組織化 流れたビーズは必ず小ケースに入りまとまる

☞ **制作のヒント**

小ケースに穴をあけてパイプをさし込めるようにすると、ビーズをためることができます。

みんなで帽子をかぶろう

shoe box

ぼうしをかぶりましょう

ここに注目！ 帽子をかぶる習慣づけを目的の一つにしています。
違う表情を描き、楽しみながら取り組んでもらいましょう。

やり方 小カップをピンポン玉にかぶせます。表情が隠れない
ように、帽子と顔のバランスをイメージしながらかぶ
せていきます。

ゴール 表情が見えるように、全てのピンポン玉に帽子をかぶ
せたらゴールです。

作りやすさ ★★★

ピンポン玉に手で表情を描きます。粘着テープで固定するので、
下地はくっつきやすい素材を選びましょう。

使いやすさ ★★★

弁当に入れるシリコン製の小カップを帽子に見立てています。
かぶせるだけなので扱いやすいです。

視覚的構造化を盛り込む作り方

視覚的指示 「ぼうしをかぶりましょ
う」と文字で指示されている
視覚的明瞭化 帽子がピンポン玉
や下地と違う色になっている
視覚的組織化 帽子がピンポン玉
のちょうどよい位置に収まるサイズ
になっている

☞ **制作のヒント**

シリコンカップは強度があり、コンパクト
に重なるので、自立課題にぴったりな材
料です。

51

ゴムシートにぴったり入れよう

shoe box

> **ここに注目!** カットアウト（切り抜き）された部分に綿棒を入れるだけなので、はじめての人も取り組みやすい自立課題です。

やり方 切り抜かれたゴムシートに綿棒を入れていきます。全て同じ大きさなので、どの切り抜きに入れてもぴったり合います。

ゴール 全ての切り抜きに綿棒を入れ終えたらゴールです。

作りやすさ ★☆☆

ゴムシートは固いので、きれいに切り抜くのが難しいです。ケガに気をつけて、定規などを使い、細く、まっすぐ切りましょう。

使いやすさ ★★★

入れた綿棒はすぐ取れて戻しやすく、万一なくしても安価に補充できます。ゴムシートは丈夫で、破損しにくい素材です。

視覚的構造化を盛り込む作り方

視覚的指示 切り抜かれた部分に何かが入るのだろうとわかる

視覚的明瞭化 切り抜かれた部分は下地が青く、目立っている

視覚的組織化 切り抜かれた部分がある程度規則性のある模様になっている

✂ バリエーションのつけ方 ✂

直線だけで描ける模様はさまざまあります。アレンジの自由度も高いでしょう。

電池をセットしてみよう

shoe box

ここに注目! 電池を入れることを学ぶ自立課題です。本物の感じを出すため、電化製品・電池ボックスはコードでつながっています。

やり方　トレイの中にある電池を、適したサイズの電池ボックスに入れていきます。プラス・マイナスも意識しましょう。

ゴール　全ての電池を正しくセットできればゴールです。

作りやすさ ★★★

コードは、ラミネート加工された電化製品の写真に貼っただけです。電池ボックスはホームセンターなどで購入できます。

使いやすさ ★★★

電池ボックスは市販品のため、比較的丈夫で壊れにくいです。一定のサイズの電池しか入らないため、エラー行動が起きにくいです。

視覚的構造化を盛り込む作り方

視覚的指示　電池ボックスの表示と大きさで、入れる電池の種類がわかる

視覚的明瞭化　電池ボックスが 1 個ずつ独立しているので見分けやすい

視覚的組織化　電池ボックスがトレイの上ですべらないよう固定されている

☞　**制作のヒント**

使い古した電池を使い、電極にテープを貼っておくとより安全です。

型はめパズルにチャレンジ

shoe box

> **ここに注目!** 丈夫なカッティングマットを切り抜いて作っているため、何度はめ直しても劣化しません。

やり方 小ケースにパズルピースが入っています。同じ形の切り抜きを見つけてはめていきます。形の判別が難しくても、ふちどりされている色がヒントになっています。

ゴール 全てのパズルピースをぴったりはめることができたらゴールです。

作りやすさ ★☆☆

本来、カッティングマットはカッターナイフで切る時に敷くものです。それを切るのは、とても時間がかかります。

使いやすさ ★★★

パズルピースは一対一対応になっていて、エラーが起きにくいです。外すだけでスタート設定に戻せるので扱いやすいです。

視覚的構造化を盛り込む作り方

視覚的指示 切り抜きはどれも違う形なので、パズルピースを見つけやすい

視覚的明瞭化 ふちどりされている色で、形を見分けやすい

視覚的組織化 トレイの中に、カッティングマットがちょうどよく収まっている

👉 **制作のヒント**

切り抜く形を考える時、カッティングマットに描かれたマス目を活かしましょう。

shoe box

木を植えて林を作ろう

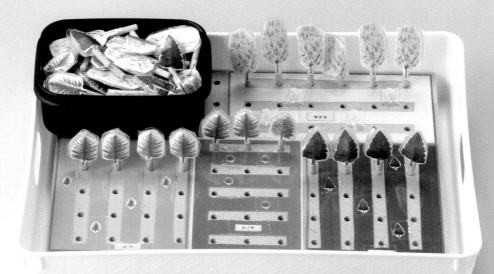

ここに注目! 植えていくことと同時に、木にはさまざまな種類があることも学べるようになっています。

やり方 小ケースの中に木が4種類あります。パンチボードに木の名前と見本が貼ってあるので、同じ木を見つけて植えていきます。

ゴール 穴のあいている場所に、指定された木を全て植えたらゴールです。

作りやすさ ★☆☆

パンチボードの穴にぴったり入るように、木のイラストを貼ったダボ（小さな木材の棒）を削る作業が必要な場合があります。

使いやすさ ★★☆

木の葉の部分は木の幹であるダボにテープでとめるので、取れやすいです。強く引っ張らないようにしましょう。

視覚的構造化を盛り込む作り方

視覚的指示 穴の周辺に木の名前と見本が貼ってある

視覚的明瞭化 木が重なって見にくくならないよう、不要な穴はふさいである

視覚的組織化 木が整然と規則正しく並ぶようになっている

👉 **制作のヒント**

手前に低い木、奥に高い木を植えることで、奥行きを出すことができます。

3

第1節　第2項　「マッチング」でステップアップ

しゃぼん玉を飛ばそう

Filing

> **ここに注目!** 面ファスナーの位置にしゃぼん玉を貼るだけなので、はじめての人にも導入として取り組みやすい自立課題です。

やり方 ファイルの下部にしゃぼん玉が貼ってあります。上の青空に面ファスナーが貼ってあるので、その位置にしゃぼん玉を貼り付けていきます。

ゴール 全ての面ファスナーにしゃぼん玉を貼り付けたらゴールです。

作りやすさ ★★★

青空としゃぼん玉のイラストがあれば、すぐに作ることができます。吹いている子どものイラストがあれば、より雰囲気が出ます。

使いやすさ ★★★

しゃぼん玉は全て同じものなので、スタート設定で並べ方を考える必要はありません。

視覚的構造化を盛り込む作り方

視覚的指示 面ファスナーの位置にしゃぼん玉を貼るのだろうとわかる

視覚的明瞭化 青空に白いしゃぼん玉が浮いているように見える

視覚的組織化 背景の雲やビルが隠れずに景色として活かされている

バリエーションのつけ方

しゃぼん玉に色をつけて、色の分類の要素を盛り込むこともできます。

足あとの上に靴をのせよう

ここに注目！ 町でよく見られる足あとのシルエット。足あとの上に立つこと、足を載せることを学ぶことができます。

やり方 小ケースに靴のマグネットが入っています。全て同じサイズなので、好きな場所の足あとシルエットに合わせて貼っていきます。

ゴール 全ての靴マグネットを足あとシルエットの上に載せることができたらゴールです。

作りやすさ ★★☆

粘着式マグネットシートに靴のイラストを貼り付けてから切ります。イラストが小さいので、やや細かい作業になります。

使いやすさ ★★★

どの足あとシルエットにどの靴を置いてもよい設定なので、エラーが起きにくいです。

視覚的構造化を盛り込む作り方

視覚的指示 足あとシルエットの向きに合わせて貼るのだとわかる

視覚的明瞭化 靴のマグネットは白またはカラー、足あとシルエットは黒なので、まだ貼っていない箇所がわかりやすい

視覚的組織化 靴のマグネットを貼ると、足あとシルエットが完全に隠れる

制作のヒント

足あとシルエットの向きをバラバラに貼ることで、靴の向きを意識することができます。

第1項　視覚優位や器用さを活かす

同じサイコロの目を並べよう

shoe box

ここに注目! サイコロの目はいずれも法則性があります。
見分けることができれば余暇に活かすことができます。

やり方 発泡ボードにサイコロの見本が貼ってあります。色と
サイコロの目を確認し、同じ向きにサイコロをはめ込
んでいきます。

ゴール 見本と同じ色と目のサイコロを全てはめることができ
たらゴールです。

作りやすさ ★☆☆

発泡ボードの土台をサイコロの大きさどおりにカッターナイフで
カットする細かい作業が必要です。

使いやすさ ★★★

土台にサイコロがぴったりはまる穴をあけることができれば、何
度も抜きさしできるので使いやすい自立課題です。

視覚的構造化を盛り込む作り方

視覚的指示　サイコロの見本が提
示されているので、何をはめるのか
がわかる

視覚的明瞭化　見本のサイコロの
色と目がはっきり目立つ色合いに
なっている

視覚的組織化　サイコロがぴったり
はまる感触が味わえる

☞ ┈┈┈ 制作のヒント

サイコロの上部が少し出る程度の厚さの
発泡ボードにすると、取り外しやすく作れ
ます。

ゴムチューブをはめよう

shoe box

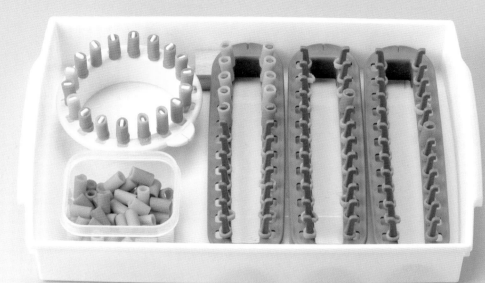

ここに注目! 100円ショップで偶然見つけた製品（編み機）の規則性のある突起が自立課題に活用できるとひらめきました。

やり方　突起には、色見本としてあらかじめ短いゴムチューブがささっています。小ケースから同じ色の長いゴムチューブを選んで入れていきます。

ゴール　見本の色どおりのゴムチューブを全てさすとゴールです。

作りやすさ ★★★

編み機はそのままトレイに置くと不安定だったので、下部を木片で固定しました。ゴムチューブは切るだけなので作りやすいです。

使いやすさ ★★☆

スタート設定に戻すためにゴムチューブを取り外す時、突起に引っかかるため、全て外すのに時間がかかります。

視覚的構造化を盛り込む作り方

視覚的指示　編み機にささっている短いゴムチューブと同じ色を選ぶことがわかる

視覚的明瞭化　ゴムチューブの色が明確に違う色なので、迷わない

視覚的組織化　編み機の突起物に規則性がある

☞ **制作のヒント**

長いゴムチューブは突起の先端からはみ出ない長さに切ると、すっきり完成します。

59

落とし蓋の穴を埋めよう

shoe box

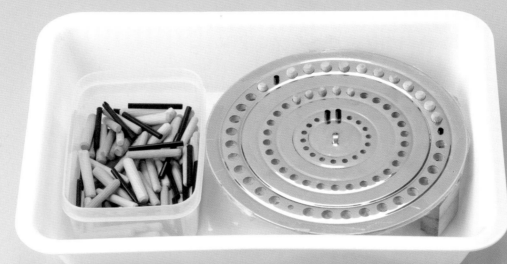

ここに注目! 100円ショップで見つけた穴が規則正しくあいた落とし蓋。
その規則性を自立課題に活用しました。

やり方 落とし蓋に規則正しく穴があいています。穴の大きさ
を見極め、同じサイズのダボ（小さな木の棒）または
ストローを小ケースから選び、さしていきます。

ゴール 適したダボまたはストローを全ての穴にさすことがで
きたらゴールです。

作りやすさ ★★★

落とし蓋に木片の足をつけ、高さを出しました。穴に合うダボや
ストローを見つけて、高さをそろえて切るだけなので、比較的
簡単に作れます。

使いやすさ ★★☆

さし込むものの数が多いため、自立課題を行う時は時間がかか
りますが、スタート設定に戻すために抜くのは簡単です。なくし
ても補充しやすいです。

視覚的構造化を盛り込む作り方

視覚的指示 穴があいているので、
そこにさすのだろうとわかる

視覚的明瞭化 注意を引く模様な
ど、刺激がないのでわかりやすい

視覚的組織化 もともと落とし蓋の
穴に規則性がある

制作のヒント

さした時、穴から少しはみ出る長さにして
おくと、指で取り出しやすくなります。

立体ネジはめにチャレンジ

shoe box

ここに注目! ボルトは、座って取り組むとちょうど見やすい角度で
木製のブックエンドに固定されています。

やり方 ブックエンドからボルトが突き出ています。小ケース
に入っているナットを、突き出ているボルトの根元ま
で、一つひとつ回してはめていきます。

ゴール 全てのナットをボルトの根元まではめることができた
らゴールです。

作りやすさ ★☆☆

木製ブックエンドにドリルで穴をあけてからボルトを固定するの
で、ドリルに慣れていないと作るのが難しいでしょう。

使いやすさ ★☆☆

スタート設定に戻すために、深くはまったナットを取るのに時間
がかかります。

視覚的構造化を盛り込む作り方

視覚的指示　トレイ内にボルトと
ナットしかなく、それらを組み合わ
せるとわかる

視覚的明瞭化　ボルトがブックエン
ドから突き出ていて目立っている

視覚的組織化　ボルトが規則正しく
並び、しっかり固定されている

✂ バリエーションのつけ方 ✂

ボルトにはさまざまな長さや太さがあり、
どれを選ぶかで難易度を調整できます。

いろいろな模様を見極めよう

Magnet

ここに注目! 一見複雑で難しそうな自立課題ですが、
自閉症の特性である視覚的な強みを活かして取り組むことができます。

やり方 小ケースから模様のマグネットを取り出し、同じ模様
になるよう、適した場所に貼り付けます。模様の向き
も決まっているので、よく見極めましょう。

ゴール 全ての模様に、向きも正しく貼り付けることができたら
ゴールです。

作りやすさ ★★☆

さまざまな模様を印刷し、カッターナイフで切り抜いたものを、
粘着マグネットシートに貼ります。上からテープを貼り強度を高
めましょう。

使いやすさ ★★★

ホワイトボードに貼ってあるだけなので、はがせばすぐにスター
ト設定に戻すことができます。

視覚的構造化を盛り込む作り方

視覚的指示 模様の一部があいて
いるので、そこに貼るのだとわかる

視覚的明瞭化 柄や色が似すぎ
ず、明確に区別できるようになって
いる

視覚的組織化 模様の枠とマグ
ネットは全て同じ大きさで規則性を
もって並んでいる

☞ 制作のヒント

ホワイトボード上の模様は、全面をテー
プで貼り強度を保ちましょう。

図形を完成させよう

Magnet

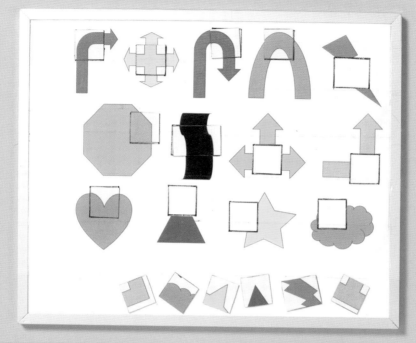

ここに注目！ 視覚優位の特性のある人は、図形などの小さな違いを見分けることができます。そんな強みを活かせる自立課題です。

やり方 ホワイトボードの下部に貼ってある図形の一部のマグネットを、上部にある図形が成立するよう、適した位置に貼ります。向きも考えて貼っていきましょう。

ゴール 向きも意識して、正しい図形に仕上げることができたらゴールです。

作りやすさ ★★☆

切り取った図形の一部が他と類似しないように考えながら作るため、やや難しさがあります。

使いやすさ ★★★

はめ込むマグネットは、ホワイトボードの下部に貼ってあります。部品の数も少なく、扱いやすい自立課題です。

視覚的構造化を盛り込む作り方

視覚的指示 図形の一部があいているので、そこに貼るのだろうとわかる

視覚的明瞭化 図形の特徴的な部分が切り抜かれていて区別しやすい

視覚的組織化 マグネットの部品が、上部の図形にぴったりと収まる

👉 **制作のヒント**

図形の一部をカッターナイフで切り取ります。その図形の最も特徴的な部分を切り取るようにしましょう。

見本どおりに並べてみよう

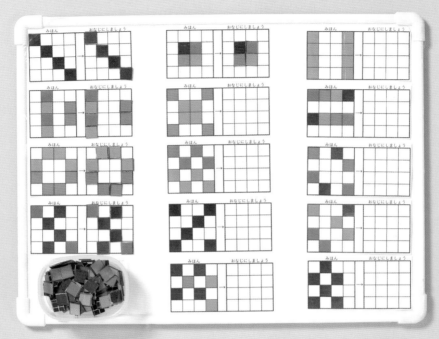

ここに注目! 小さいマグネットをマス目に貼り付けるので、
はじめはやりやすいように、なるべく隣り合わない配置にします。

やり方 貼り付けるマグネットが小ケースに入っています。見本の色と位置をよく見て、そのとおりに貼っていきます。

ゴール 全て見本と同じ模様に貼ることができたらゴールです。

作りやすさ ★☆☆

マス目にぴったり収めるために粘着マグネットシートを切る作業はとても細かく、なかなか難しい作業です。

使いやすさ ★★☆

切ったマグネットは小さいので、落としたりなくしたりする可能性が高いです。あらかじめ余分に作っておきましょう。

視覚的構造化を盛り込む作り方

視覚的指示 すぐ横に見本があるので、同じように貼るのだとわかる

視覚的明瞭化 全ての見本が違う配置と配色で見分けやすい

視覚的組織化 貼るマグネットはマス目からはみ出ない作りになっている

制作のヒント

マス目の大きさや数は、取り組む人の理解度や器用さに合わせて調整しましょう。

「四つ葉のクローバー」を探そう

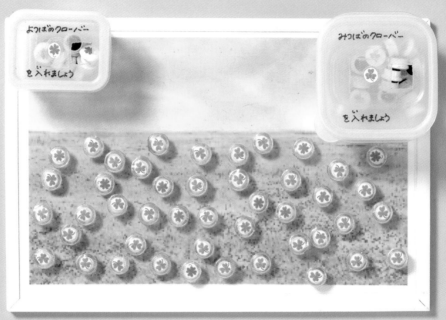

ここに注目! マグネット課題は「貼る」ものが多いですが、これは「取る」課題です。はじめに見本を見せるとよいでしょう。

やり方　ホワイトボード上にある三つ葉と四つ葉のクローバーを取り、それぞれ指定された小ケースに入れていきます。

ゴール　それぞれを見分けて取り、小ケースに分類できたらゴールです。

作りやすさ　★★☆

マグネットに三つ葉・四つ葉のクローバーを貼り付けていくのは細かい作業です。絵を描ける支援者がいれば絵でもよいでしょう。

使いやすさ　★★★

スタート設定は三つ葉も四つ葉もランダムに配置します。四つ葉がたまに見つかる程度の配分が適当です。

視覚的構造化を盛り込む作り方

視覚的指示　小ケースの文字と絵により指示されている

視覚的明瞭化　小ケースの大きさが異なり、入れるべきケースの見分けがつきやすい

視覚的組織化　草原の絵の上に無理のない数のクローバーが配置されている

バリエーションのつけ方

「赤い花と青い花」「蝶々とトンボ」など、本人の興味・関心によりアレンジが可能です。

てんとう虫に星を入れよう

Magnet

ここに注目! てんとう虫の向きを変えて、星の貼り方が単調にならないように工夫しています。

やり方 見本のてんとう虫の星の位置を見て、小ケースに入っている星を同じように貼り付けていきます。

ゴール 全てのてんとう虫が見本と同じようにできあがったらゴールです。

作りやすさ ★★★
粘着マグネットシートは黒いので、丸く切るだけでそのまま星として使えます。同じ形・大きさに切りましょう。

使いやすさ ★★★
星はどれも同じ形・大きさなので、小ケースに戻すだけでスタート設定に戻すことができます。

視覚的構造化を盛り込む作り方

視覚的指示 左上の1匹だけ、てんとう虫の星の置き方の見本があらかじめ示されている

視覚的明瞭化 星以外の模様がないため、余計な刺激がなく注目しやすい

視覚的組織化 てんとう虫の星が全て同じ位置で、規則性がある

バリエーションのつけ方

てんとう虫もいろいろな模様のタイプがあるので、アレンジが可能です。

風船で飛び立とう

ここに注目! 見本となる風船は、遠くのものは小さく描かれています。
小さなところにも注目してもらうねらいがあります。

やり方 見本を見て、「ぞう」「うさぎ」「ねずみ」それぞれに
適した風船を選び貼り付けます。動物たちが空を楽し
く飛んでいるように、背中からロープが出る位置に貼
ります。

ゴール 「ぞう」「うさぎ」「ねずみ」それぞれに適した風船を
貼り付けることができたらゴールです。

作りやすさ ★★☆

完成した時の美しさを出したいので、どのようなバランスで風船
を配置するか、完成図を想定して作りましょう。

使いやすさ ★★★

風船はホワイトボードの下部に貼っておきます。3種類あるので、
スタート設定ではランダムに貼り付けておきましょう。

視覚的構造化を盛り込む作り方

視覚的指示　風船を背負った各動
物の見本が下地に1つずつ描かれ
ている

視覚的明瞭化　風船の種類が明確
に区別できる大きさになっている

視覚的組織化　完成すると動物や
風船が重なることなく1枚の絵に収
まっている

👉 **制作のヒント**

完成時に空を飛ぶ様子が表現されている
と楽しいので、雲が隠れないように配置し
ましょう。

第 2 項　趣味を極める

色・模様カード分類の達人

shoe box

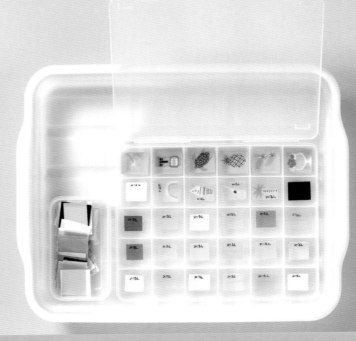

ここに注目!　さまざまな色・模様を見るのが大好きな人がいます。
その強みを活かして作った自立課題です。

やり方　小ケースに入っている多数の色・模様カードを見本の
位置に入れます。細かな色や質感を見極めながら分
類していきます。

ゴール　全ての色・模様カードを見本のとおりに分類できたら
ゴールです。

作りやすさ ★☆☆

クリアファイルを同じ大きさに切っています。均一の大きさのも
のを大量に切るので、作るのに時間がかかります。

使いやすさ ★☆☆

小ケースにはランダムにして戻す必要があります。枚数が多い
ので、混ぜるのに時間がかかります。

視覚的構造化を盛り込む作り方

視覚的指示　見本が示されており、
同じ色・模様のカードを入れるのだ
とわかる

視覚的明瞭化　似た色・模様のカー
ドは離してあり、見分けやすい

視覚的組織化　ケースは既製品で、
仕切りが均一な大きさになっている

✐ バリエーションのつけ方 ✐

同色でもつやがある・ないなど質感の差
もつけることができます。

新幹線の駅を並べよう

shoe box

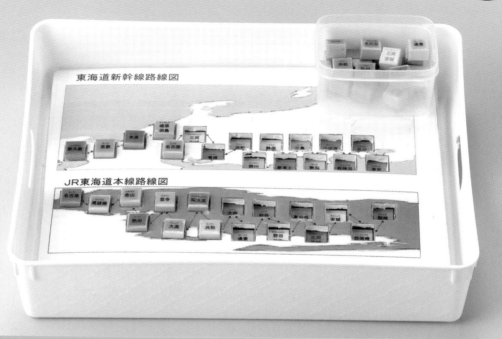

| ここに注目！ | 電車が大好きな人のために作った自立課題です。
その人の趣味に合わせて駅を選んで作りました。 |

やり方　小ケースに入っている駅名キューブを、駅名の見本を見ながら適切な位置にはめていきます。

ゴール　全ての駅名キューブを正確にはめることができたらゴールです。

作りやすさ ★☆☆

消しゴム製の駅名キューブをはめる時にぴったりする感覚を出すため、土台の発泡ボードをキューブのサイズに合わせて正確に切る必要があります。

使いやすさ ★★★

駅名キューブは、はめても上部がはみ出しているので、取り出しやすく、スタート設定に戻しやすい構造で作られています。

視覚的構造化を盛り込む作り方

視覚的指示　発泡ボードがカットされた部分に駅名が書かれている

視覚的明瞭化　駅名キューブは色分けされていて見分けやすい

視覚的組織化　土台にぴったりはまる感触を味わうことができる

♪ バリエーションのつけ方 ♪

高速道路のインターチェンジなど、規則性のあるものでもアレンジできます。

69

今週の天気予報は？

Filing

天気予報（西日本）

	月	火	水	木	金
福井	はれ	はれ	はれのちくもり	はれのちくもり	くもり
名古屋	はれ	はれ	はれ	はれ	はれ
大阪	くもり	くもり	あめ	あめ	はれ
広島	くもり	あめ	あめ	はれ	はれ
福岡	あめ	あめ	くもり	くもり	はれのちくもり
沖縄	あめ	くもり	くもり	はれ	はれ

天気予報（東日本）

	月	火	水	木	金
札幌	はれ	はれ	くもり	ゆき	ゆき
仙台	はれ	はれのちくもり	はれのちくもり	ゆき	ゆき
東京	はれ	はれ	はれ	くもり	あめ
宇都宮	はれ	はれ	くもり	ゆき	ゆき
長野	くもり	くもり	くもり	ゆき	ゆき
静岡	はれのちくもり	はれのちくもり	あめ	あめ	あめ

ここに注目！ 天気予報は、都市と天候の組み合わせでできています。
ものごとの関連づけが好きな人から好まれる題材です。

やり方 天気予報の表に指示として天気マークが描かれています。下部にある天気マークから指定のものを選び、貼っていきます。

ゴール 下地に書かれているとおりの天気マークを全て貼ることができたらゴールです。

作りやすさ ★★★

制作は難しくありませんが、面ファスナーを多く貼るので、比較的コストがかかります。

使いやすさ ★★★

部品がほどよい大きさなので、扱いやすく落としにくいです。一度作ると長く使うことができます。

視覚的構造化を盛り込む作り方

視覚的指示 表に薄く天気マークが描かれているので、マッチングするのだとわかる

視覚的明瞭化 表の行が色分けされているので見分けやすい

視覚的組織化 天気マークはマス目の中に収まるサイズになっている

制作のヒント

都市の地域性を表したり、エリアで統一感のある天気にしたりすると本物らしくなります。

Filing

列車を連結させよう

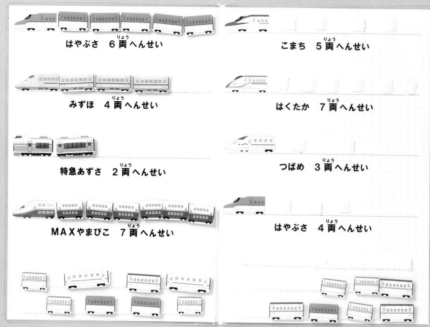

はやぶさ　6両へんせい

こまち　5両へんせい

みずほ　4両へんせい

はくたか　7両へんせい

特急あずさ　2両へんせい

つばめ　3両へんせい

MAXやまびこ　7両へんせい

はやぶさ　4両へんせい

ここに注目! 電車好きで、「何両編成か？」が気になる利用者の個別ニーズを満たす自立課題です。

やり方 ファイルの下部にある車両を、適した列車の位置に貼っていきます。連結した状態になるようにイメージしながら取り組んでもらいましょう。

ゴール 先頭車両と同じ柄の車両を、決められた編成数どおりに貼り付けたらゴールです。

作りやすさ ★★★

車両を印刷して切るというファイリング課題の基本的な作り方で作成できます。比較的作りやすい自立課題です。

使いやすさ ★★★

スタート設定時は、車両をランダムにファイルの下部に提示しておきます。

視覚的構造化を盛り込む作り方

視覚的指示　あらかじめ印刷された先頭車両を見ると、どの車両を貼るかわかる

視覚的明瞭化　車両の上下の間隔をあけてあるため見やすい

視覚的組織化　貼り付けると、ぴったり連結したような完成形になる

✐ バリエーションのつけ方 ✐

編成数を増やして難易度を上げたり、地元の在来線を使ったりしてもおもしろいです。

野菜・果物、切ったらどうなる？

Filing

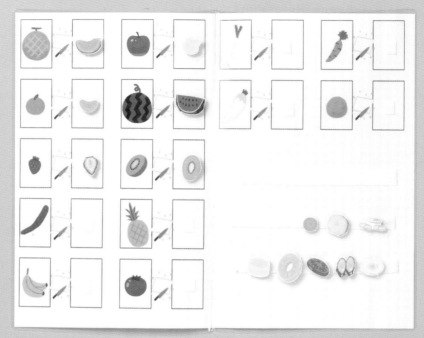

> **ここに注目!** 普段食べているものも、切る前と後では姿が異なります。
> 本来どんな形か、切ったらどうなるかが学習できます。

やり方 ファイルに野菜・果物が提示されています。包丁で切った姿はどんな形か、右下から適した食材イラストを見つけ、貼り付けていきます。

ゴール 切った後のイラストを全て適した位置に貼り付けることができたらゴールです。

作りやすさ ★★★

切る前と後で違った姿になる食材を選ぶとおもしろいです。日常的に目にする食材を選びましょう。

使いやすさ ★★★

切った後の形のイラストを、右下にランダムに配置すればスタート設定になるので、準備しやすい自立課題です。

視覚的構造化を盛り込む作り方

視覚的指示 野菜・果物と包丁のイラストから、切った後のイラストを貼るとわかる

視覚的明瞭化 野菜・果物の特徴をとらえたイラストを使用している

視覚的組織化 野菜・果物が1つずつ枠線で囲まれて、整理されている

✎ バリエーションのつけ方 ✐

切った後だけでなく、どんな料理になるかまで発展させることもできます。

インドア派？　アウトドア派？

ここに注目！ 趣味のカテゴリーをインドア・アウトドアに分けました。興味のある趣味を広げることが目的です。

やり方 さまざまな趣味のイラストが提示されています。主に部屋の中で行うインドア、外で行うアウトドアの分類で、適した趣味のイラストを貼り付けていきましょう。

ゴール インドア・アウトドアの趣味を適切に分類することができたらゴールです。

作りやすさ ★★☆

趣味をイラスト1枚で表現するので、イラスト選びに時間がかかることがあります。

使いやすさ ★★★

自立課題の前段階として、趣味のメニューや意味を教える一対一対応課題からはじめてみてもよいでしょう。

視覚的構造化を盛り込む作り方

視覚的指示　「アウトドア」「インドア」という文字で指示されている

視覚的明瞭化　分類して貼る枠内に色が塗られており、見分けやすい

視覚的組織化　全てのイラストが、インドア・アウトドアの枠にちょうどよく収まる

✁ バリエーションのつけ方 ✁

「家で」「学校で」「施設で」など、分類のカテゴリーを工夫することができます。

キッチンタイマーの時間をセット

Magnet

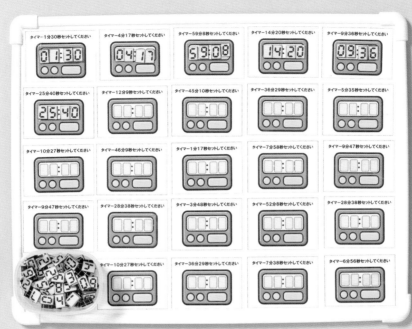

タイマー1分30秒セットしてください	タイマー4分17秒セットしてください	タイマー59分8秒セットしてください	タイマー14分20秒セットしてください	タイマー9分36秒セットしてください
タイマー25分40秒セットしてください	タイマー12分9秒セットしてください	タイマー45分10秒セットしてください	タイマー36分29秒セットしてください	タイマー5分35秒セットしてください
タイマー10分27秒セットしてください	タイマー46分9秒セットしてください	タイマー1分17秒セットしてください	タイマー7分58秒セットしてください	タイマー9分47秒セットしてください
タイマー9分47秒セットしてください	タイマー28分38秒セットしてください	タイマー3分48秒セットしてください	タイマー52分8秒セットしてください	タイマー28分38秒セットしてください
タイマー10分27秒セットしてください	タイマー36分29秒セットしてください	タイマー7分38秒セットしてください	タイマー6分56秒セットしてください

ここに注目！ 数字にこだわりのある人には、
キッチンタイマーを数字で遊べる余暇活動として使えます。

やり方　ホワイトボードにキッチンタイマーのイラストと、文字による時間の指示が書かれています。小ケースから指示どおりの数字を選んで貼り付けていきます。

ゴール　キッチンタイマーの上部に指示されている時間の数字を全て貼れたらゴールです。

作りやすさ ★★☆

数字を小さく切る工程が難しいものの、他は制作に難しいところはありません。

使いやすさ ★★★

数字のマグネットが小さいので落としやすいです。あらかじめ多めに作っておきましょう。

視覚的構造化を盛り込む作り方

視覚的指示　キッチンタイマーの上部に文字で時間が示されている

視覚的明瞭化　数字を貼る場所が枠線で示され目立っている

視覚的組織化　同じキッチンタイマー、同じ書体のデジタル数字で統一感がある

☞　制作のヒント

キッチンタイマーにはさまざまな形があるので、複数の種類にしてもおもしろいでしょう。

いろんな仕事のいろんなユニフォーム

ここに注目! 仕事によってユニフォームはさまざまです。
特徴的なデザインを見分けて楽しめるようにしました。

やり方 ホワイトボードのデザインを見て、小ケースから適したユニフォームの一部を見つけます。貼り付けてユニフォームを完成させましょう。

ゴール 全てのユニフォームを完成させることができたらゴールです。

作りやすさ ★☆☆

ユニフォームを白黒に加工して貼ってあります。その大きさに合ったマグネットを作る工程は手間がかかります。

使いやすさ ★★★

貼り付けたマグネットを取るだけで、スタート設定に戻すことができます。

視覚的構造化を盛り込む作り方

視覚的指示　ユニフォームが白黒で、そこに合う絵を貼るのだとわかる

視覚的明瞭化　明確に区別できるユニフォームのデザインを選んでいる

視覚的組織化　白黒の部分にぴったり収まるサイズのマグネットになっている

👉 **制作のヒント**

ユニフォームの部分の切り分け方で難易度を変更できます。

第 3 項　食べることを余暇に活かす

飲食店ののぼりを立てよう

shoe box

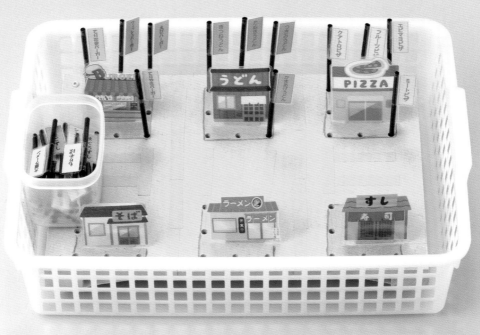

| ここに
注目! | 飲食店を見て、どんなメニューがあるのか
楽しく想像力をはたらかせてもらおうと思って作った自立課題です。 |

やり方　小ケースにメニューが書いてあるのぼりが入っています。店の看板を見てのぼりを選び、それが提供されると想像できる店の敷地にさしていきます。

ゴール　のぼりを全て正しくさすことができたらゴールです。

作りやすさ　★★☆

のぼりのポールはストローでできています。旗はテープでストローにとめますが、きれいにとめるのはやや難しいです。

使いやすさ　★★★

のぼり部分を雑に扱うと壊れやすいですが、比較的扱いやすくスタート設定に戻しやすい自立課題です。

視覚的構造化を盛り込む作り方

視覚的指示　店の看板の文字を見ると、何が提供されている店か想像できる

視覚的明瞭化　店の敷地内に色が塗られているので、のぼりをさす位置が色からもわかる

視覚的組織化　パンチボードの穴の距離が均一なので、のぼりが整然と立ち並ぶ

🎣 バリエーションのつけ方 🎣

「スポーツ用品店」「文具店」など、飲食店以外のお店でも制作できます。

飲食店のミニディスプレイを作ろう

shoe box

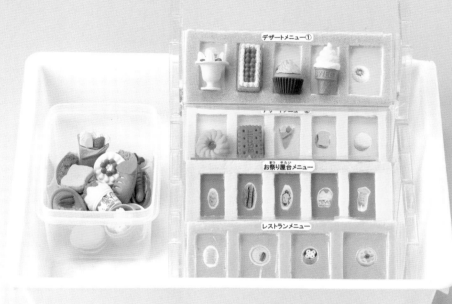

デザートメニュー①

お祭り屋台メニュー

レストランメニュー

ここに注目! 食べ物屋さんのディスプレイを想像しながら、楽しく取り組んでもらおうと作った自立課題です。

やり方 小ケースに入っている食べ物のミニチュアを、台座の枠内のイラスト・写真の見本に従って、該当部分に置きます。ディスプレイはスナック系、スイーツ系など、同じジャンルでまとめられています。

ゴール 見本どおりにミニチュアを全て載せることができたらゴールです。

作りやすさ ★☆☆

100円ショップのディスプレイケースを台座にしました。上のウレタンをくり抜くのはとても細かい作業になり、難しいです。

使いやすさ ★★★

100円ショップで購入できるミニチュアの食べ物を上に載せているだけなので、スタート設定に戻しやすく、壊れにくいです。

視覚的構造化を盛り込む作り方

視覚的指示 見本の小さなイラスト・写真が、同じものを置くという指示になっている

視覚的明瞭化 ウレタンと台座の色を変えて、見本を目立たせている

視覚的組織化 台座に傾斜があり、載せたミニチュアが見やすい角度で維持される

👉 **制作のヒント**

厚めのウレタンを選ぶと、ミニチュアが載りやすくなるので、より安定性が増します。

ミックスピザを作ろう

shoe box

> **ここに注目!** ピザは自由なアレンジができる食べ物。
> 好きなトッピングを載せて楽しむことができます。

やり方 小ケースに入っているトッピングをピザの上に貼り、ミックスピザに仕上げます。ふたに見本が貼ってあるので、そのとおりに貼ります。

ゴール 見本どおりにトッピングを貼り付けることができたらゴールです。

作りやすさ ★★☆
ピザの箱は、宅配ピザの箱をそのまま活用することもできます。具材は小さいので、切るのが難しいです。

使いやすさ ★★☆
見本どおりにトッピングを載せる方法と、自分の好きなように具材を載せて楽しむ方法があります。その人によって使い分けましょう。

視覚的構造化を盛り込む作り方

視覚的指示 見本が示されているので、同じように作るのだとわかる

視覚的明瞭化 ピザ本体を厚みのあるダンボールに貼り、立体感を出している

視覚的組織化 小ケースのトッピングは全てピザの中に収まるようになっている

♪ バリエーションのつけ方 ♪
ピザに使われていないトッピングも交えて難易度を高めることができます。

バーベキューやおでんを楽しもう

Filing

ここに注目！ みんなが大好きなバーベキューのお肉。
普段買えないような高級肉を用意してみました。おでんも好きな食材を。

やり方 下部にさまざまな食材が並んでいます。バーベキューコンロかおでん鍋、適したほうに分類して貼っていきます。

ゴール 全ての食材を適したほうに分類できたらゴールです。

作りやすさ ★★★

いろいろな食材があるので、食材同士の大きさや、コンロや鍋の大きさとのバランスが適しているか調整しましょう。

使いやすさ ★★★

食材をはがすだけでスタート設定に戻せるので扱いやすく、食材を替えたり増やしたりもしやすいです。

視覚的構造化を盛り込む作り方

視覚的指示 バーベキューコンロと鍋が大きく示してあり、何を貼るかわかる

視覚的明瞭化 食材はどちらが適しているか明確に判断しやすいものを選んでいる

視覚的組織化 全ての食材が、コンロや鍋の中へあふれず入るように設計されている

♪ バリエーションのつけ方 ♪

カレーライスやパエリアなど、特徴的な料理でも作ることができます。

定食屋さんをはじめよう

Filing

たくと食堂 メニュー

とんかつ定食　780　円
コロッケ定食　580　円
ぎょうざ定食　580　円
おさしみ定食　980　円
アジフライ定食　580　円
かに玉定食　680　円
やきそば定食　480　円
焼き魚定食　580　円
たこやき定食　580　円
ハンバーグ定食　780　円
おでん定食　580　円
ロールキャベツ定食480円

目玉焼き定食　380　円
しゅうまい定食　580　円
サバみそ定食　480　円
てんぷら定食　880　円
ポテトフライ定食　380　円
マーボドーフ定食　580　円
からあげ定食　680　円
エビフライ定食　980　円
ステーキ定食　1280　円

ここに注目！　ご飯や汁物、小鉢など、バランスを考えた食事を
意識してもらおうと作った自立課題です。

やり方　ファイルにごはん、味噌汁、小鉢などがセットされた
定食があります。定食名が書かれているので、下部
から適した料理を選び、貼っていきます。

ゴール　定食の名前どおりの料理を全て貼ることができたら
ゴールです。

作りやすさ ★★★

料理は、その食べ物の特徴を強調していて見分けやすいイラス
トがおすすめです。

使いやすさ ★★★

料理をはがしてランダムに戻すだけで、スタート設定に戻すこと
ができます。

視覚的構造化を盛り込む作り方

視覚的指示　ファイルに定食名が
書いてあるので、何を貼るかわかる

視覚的明瞭化　イラストは何の料理
か明確にわかるようになっている

視覚的組織化　定食屋のメニュー
表のように規則正しく並んでいる

バリエーションのつけ方

値段を貼る設定にして、料理の値段を意
識してもらう要素を加えることもできます。

好きなどんぶりを作ろう

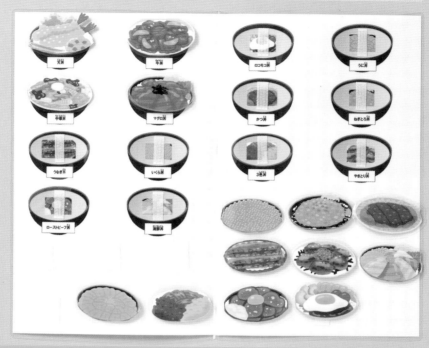

ここに注目! みんなが大好きなどんぶりご飯の自立課題です。
いろいろな種類のどんぶりご飯があることを学習できます。

やり方 どんぶりの名前が書かれていて、具材を貼る部分にも見本のイラストが小さく提示してあります。指定のどんぶりに適した具材を載せていきます。

ゴール それぞれのどんぶりに適した具材を全て貼り付けることができたらゴールです。

作りやすさ ★★☆

どんぶりの具材の部分だけのイラストはなかなか見つかりません。イラストの具材だけを切り抜く作業に手間がかかります。

使いやすさ ★★★

具材をファイルの下部にランダムに貼っておくだけでスタート設定は完了です。

視覚的構造化を盛り込む作り方

視覚的指示 どんぶりの名前と見本のイラストで何を貼るかわかる

視覚的明瞭化 具材のイラストは明確に区別できるようになっている

視覚的組織化 どの具材も、載せるとぴったりどんぶりにはまるようになっている

☞ **制作のヒント**

面ファスナーを使用することで、どんぶりに立体感を出すことができます。

いろいろなおにぎりを作ろう

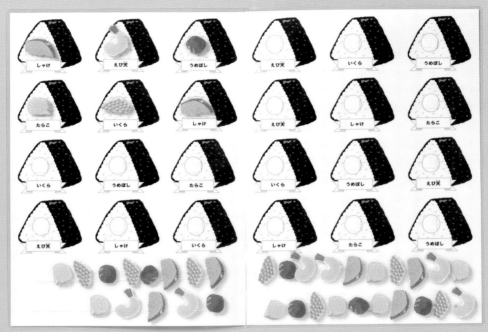

> **ここに注目!** おにぎりの具もさまざま。自分の好きなおにぎりを作ったり、新しい具を知るきっかけになればと作りました。

やり方 おにぎりに具の名前が提示されています。名前に合う具のイラストを選び、おにぎりの中心部に貼り付けていきます。

ゴール 提示されたとおりの具を全て貼り付けることができたらゴールです。

作りやすさ ★★★

実際のおにぎりは具を中に入れますが、自立課題はイメージなので、上に載せることでも表現することができます。

使いやすさ ★★★

おにぎりの具は自由度が高く、本人の好みのものなど豊富にアレンジできます。

視覚的構造化を盛り込む作り方

視覚的指示 おにぎりに具の名前が提示されている

視覚的明瞭化 おにぎり本体は白く、具が目立つようになっている

視覚的組織化 おにぎりが整然と並び、具はおにぎり内にちょうどよく収まる

♪ バリエーションのつけ方 ♪

難易度を下げるなら、具の名前を指定せず、好きな具を貼る設定にしましょう。

かき氷のシロップを選ぼう

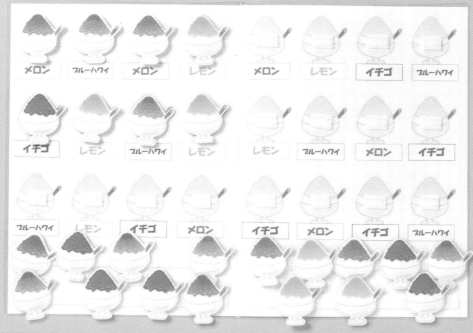

ここに注目! かき氷のシロップは、色と味に関連性があり、自立課題にしやすい素材です。

やり方　かき氷のイラストにシロップの名前が提示されています。指示されたシロップのかき氷を選んで貼り付けていきます。

ゴール　提示どおりにかき氷を完成させることができたらゴールです。

作りやすさ ★★★

ファイルにかき氷を提示し、シロップ部分に色をつけていくだけなので、比較的作りやすい自立課題です。

使いやすさ ★★★

色の数だけ種類を増やすことができます。アレンジしやすい自立課題といえます。

視覚的構造化を盛り込む作り方

視覚的指示　文字と色で指示がわかるようになっている

視覚的明瞭化　色を見分けやすいよう、文字とシロップ以外の要素がない

視覚的組織化　かき氷の上にシロップがぴったり重なるようになっている

バリエーションのつけ方

「レモン」を「マンゴー」に替えるなど、トレンドを意識して作るのもコツです。

第2節　第3項　食べることを余暇に活かす

アイスクリームください

Filing

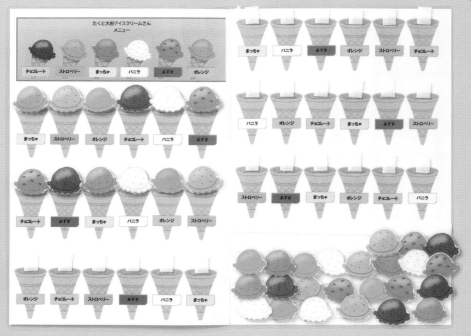

> **ここに注目!** アイスクリームが好きな人は多いでしょう。選ぶ楽しみを経験できればと作りました。

やり方 コーン部分にアイスクリームの味の名前が書かれています。指示されたアイスクリームを選んで貼り付けていきます。

ゴール コーンに書かれたとおりの味のアイスクリームを全て載せることができたらゴールです。

作りやすさ ★★★

全体を大きめに作れば、アイスクリームの部分を切り抜く工程もそれほど難しくありません。コーンの大きさとのバランスを調整しましょう。

使いやすさ ★★★

いろいろな味を設定でき、アレンジしやすい自立課題です。

視覚的構造化を盛り込む作り方

視覚的指示 文字による指示のほか、味の枠がアイスクリームの色と同じになっている

視覚的明瞭化 それぞれのアイスクリームは明確に違う色で見分けやすくなっている

視覚的組織化 同じ大きさのアイスクリームが整然と並んでいる

✂ バリエーションのつけ方 ✐

ナッツやチョコレートなどトッピングの要素を加えて作ることも可能です。

インスタント飲料を作ろう

Filing

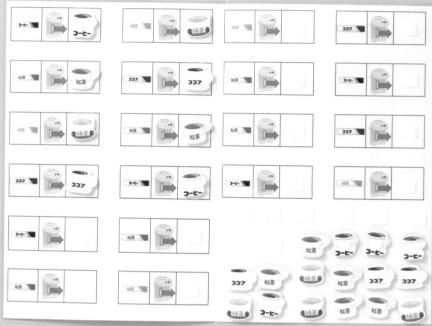

> **ここに注目!** お湯を入れて混ぜるだけのインスタント飲料は便利です。どんな飲み物ができるのかイメージしてもらいましょう。

やり方　左の列に示されたスティックのパッケージに、飲み物の名前が書いてあります。指示された飲み物のイラストを選び、お湯を加えた後の右の列に貼っていきます。

ゴール　スティックに書かれたとおりの飲み物を全て貼り付けることができればゴールです。

作りやすさ ★★★

コーヒー、紅茶、緑茶、ココアなどが定番です。それぞれ、食器や色で特徴がわかるように作りましょう。

使いやすさ ★★★

アレンジの幅は狭いですが、部品も小さすぎず扱いやすい自立課題です。

視覚的構造化を盛り込む作り方

視覚的指示　文字による指示があるほか、文字の色が飲み物と同じ色になっている

視覚的明瞭化　飲み物の食器に書かれた文字は大きく目立っている

視覚的組織化　飲み物の食器が枠の中にちょうどよく収まる

🖋 バリエーションのつけ方 ✐

お湯を注いで作るラーメンや焼きそばなどを加えて種類を増やすことができます。

3

第2節　第3項　食べることを余暇に活かす

85

種・へた・しっぽを取り外そう

Filing

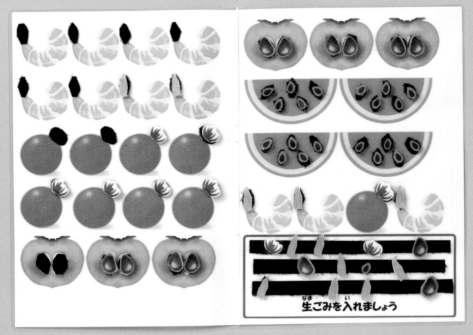

生ごみを入れましょう

> **ここに注目!**
> 種・へた・しっぽなども食べてしまう人に、
> 「その部分は取る」という意識づけをしてもらうために作りました。

やり方
食べ物に種やしっぽなどがついています。取り外して、「生ごみを入れましょう」と書かれた枠内に貼り付けていきます。

ゴール
全ての種やしっぽなどを取って生ごみの枠内に貼ったらゴールです。

作りやすさ ★★☆
小さい種やしっぽなどの裏に、小さく切った面ファスナーを貼る工程がやや難しいです。

使いやすさ ★★★
種などを貼り付けた状態からスタートです。整然とした状態から取り外す動作なので、最初にやり方の見本を示しましょう。

視覚的構造化を盛り込む作り方

視覚的指示 「生ごみを入れましょう」と文字で指示されている

視覚的明瞭化 取る部分が目立つように立体的になっている

視覚的組織化 取った種やしっぽなどが生ごみの枠内にきちんと収まる

♪ バリエーションのつけ方 ♪
食品を替えて、骨や皮を取る設定にアレンジすることもできます。

枝豆を取り出そう

Filing

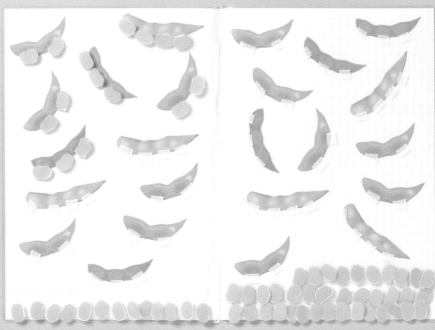

ここに注目! 枝豆のさやから豆を取り出すだけの簡単な自立課題です。
はじめて自立課題に取り組む導入としても活用できます。

やり方 枝豆のさやに豆が載っています。1つのさやに入っている豆の数はそれぞれ異なります。豆を取って下部に貼り付けていきます。

ゴール 全ての豆を取り、下に貼ることができたらゴールです。

作りやすさ ★★☆
小さい豆に面ファスナーを小さく切って貼る工程がやや難しいです。

使いやすさ ★★★
豆はどれも同じものなので、どこに貼ってもエラーが起きません。はじめて自立課題に取り組む人にも向いています。

視覚的構造化を盛り込む作り方

視覚的指示 豆がさやから半分出ているので、取るのだろうとわかる

視覚的明瞭化 ファイルには枝豆本体と豆しかないので注目しやすい

視覚的組織化 さやの大きさによって豆の数が決まっている

✂ バリエーションのつけ方 ✐
豆をさやに入れていく課題として提供することもできます。

使うのは箸？ スプーン？ フォーク？

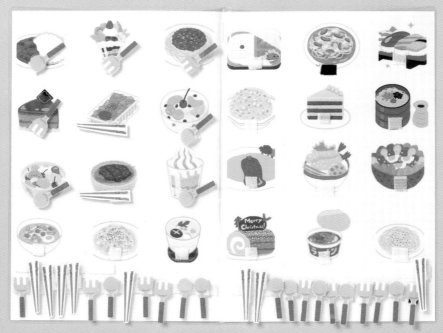

ここに注目! ゼリーでもカレーライスでも箸で食べようとする人がいたので、
食べ物に適した食具を伝えたいと思って作りました。

やり方 ファイルに料理のイラストが描かれています。下部に
箸、スプーン、フォークが貼ってあるので、その料理
を食べるのに適切な食具を選んで貼り付けていきま
す。

ゴール 全ての料理に適した食具を貼り付けることができたら
ゴールです。

作りやすさ ★★☆

箸、スプーン、フォークは細長く、切り抜くのが大変です。目
立たないように面ファスナーを貼り付けるのも難しいです。

使いやすさ ★★★

パフェなどは、スプーンでもフォークでも正解といえます。正解
は柔軟に用意しておきましょう。

視覚的構造化を盛り込む作り方

視覚的指示 料理の下部に面ファ
スナーが貼ってあり、食具を貼るの
だとわかる

視覚的明瞭化 箸、スプーン、フォー
クが明確に区別しやすい

視覚的組織化 料理が規則正しく
整然と並んでいる

✄ バリエーションのつけ方 ✄

大きいスプーンや長いフォーク、ストロー、
つまようじなどでもアレンジできます。

トウモロコシを作ろう

Magnet

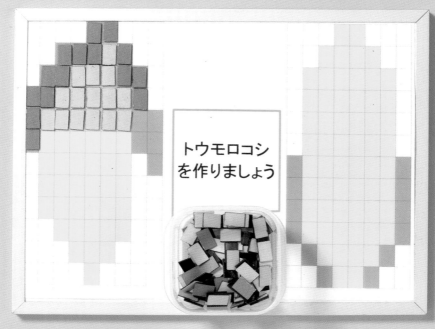

トウモロコシ
を作りましょう

ここに注目! トウモロコシのたくさんの粒をドット絵で表現しました。
1粒ずつ味わうように取り組んでみましょう。

やり方 ホワイトボードにトウモロコシのドット絵が描かれています。小ケースの中に、粒と皮で色分けされたマグネットが入っているので、それぞれの該当部分に貼っていきます。

ゴール 粒と皮のマグネットを全て貼り付けたらゴールです。

作りやすさ ★☆☆

マグネットシートを均一に1粒大に切るのが難しいです。あらかじめ切り込みの入ったものも販売されているので、そうしたものを使うと便利です。

使いやすさ ★★☆

トウモロコシの粒が多いので、全て取ってスタート設定にするのに意外と時間がかかります。

視覚的構造化を盛り込む作り方

視覚的指示　1粒ずつ枠線で囲まれているので、それに合わせて貼るとわかる

視覚的明瞭化　貼り付けるマグネットは粒と皮の2種類しかないのでわかりやすい

視覚的組織化　枠線の中に入るサイズにマグネットが切られている

👉 制作のヒント

枠線を粒と皮のマグネットよりほんの少し大きく作ると、ぴったり収まりやすくなります。

果物・野菜の皮をむこう

U
Magnet

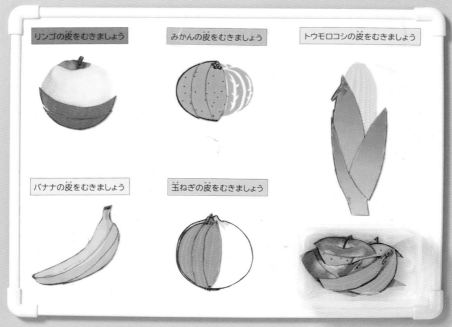

リンゴの皮をむきましょう

みかんの皮をむきましょう

トウモロコシの皮をむきましょう

バナナの皮をむきましょう

玉ねぎの皮をむきましょう

ここに注目! 果物の皮まで食べてしまう人がいます。皮をむく習慣や
皮を捨てる習慣を身につけることを目的に作った自立課題です。

やり方 野菜や果物に皮がついている状態から、縦にむくか、
横にむくか、実際のむき方を想像しながら皮の部分を
取り、生ごみ入れを模した小ケースに入れます。

ゴール 全ての皮をむいて、野菜や果物の中身が見えたらゴー
ルです。

作りやすさ ★★☆

皮をむく前とむいた後、両方のイラストを用意する必要がありま
す。実際に皮をむく時のイメージで切っておきましょう。

使いやすさ ★★★

スタート時の皮の位置は決まっています。スタッフがどこに貼る
か迷わないよう、裏面に目印をつけておきましょう。

視覚的構造化を盛り込む作り方

視覚的指示 皮をむくことと、むい
た皮を入れる場所が（上の写真で
は隠れている）文字で指示されて
いる

視覚的明瞭化 ホワイトボード上に
は野菜や果物しかなく、わかりやす
い

視覚的組織化 皮は隙間なく野菜
や果物を包んでいる

☞ ………… 制作のヒント

皮の部分をやや大きめに作ることで、中
身が見えないように置くことができます。

ピザ・ホットケーキを分けよう

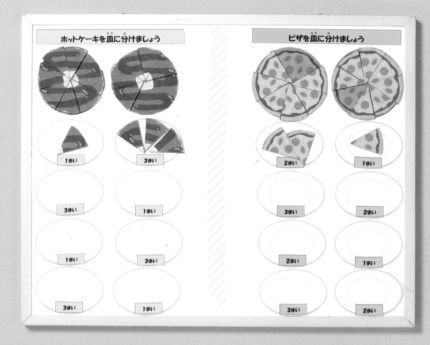

> **ここに注目!** 切り分けて食べるピザやホットケーキのような食べ物を切って小皿に盛る習慣をつけるための自立課題です。

やり方　ホールのピザとホットケーキが大皿に載っています。盛り付ける枚数が、小皿の上に数字で示されているので、その枚数どおりに分けて載せていきます。

ゴール　小皿の上に指定の枚数どおりに載せることができたらゴールです。

作りやすさ ★★★

切り分けたピザとホットケーキがはみ出ないように、小皿の大きさを調整しましょう。小皿は模様のないシンプルなものがわかりやすいでしょう。

使いやすさ ★★★

ピザとホットケーキのピースは大きめなので、なくなる心配は少ないです。

視覚的構造化を盛り込む作り方

視覚的指示　小皿の上に載せる枚数が数字で端的に指示されている

視覚的明瞭化　ピザとホットケーキはシンプルなイラストで注目しやすい

視覚的組織化　ピザとホットケーキが左右で分かれているので、それぞれが混ざらない

☞ **制作のヒント**

なるべく真円に近いイラストを選ぶと、中心から均一に切れます。

第4項　遊びのメニューを増やす

昆虫採集をしよう

shoe box

ここに注目! 100円ショップに夏季だけ売られていた飼育用の本物の木で、リアリティを演出できました。

やり方 3種類の昆虫が木にとまっています。つかまえて虫かご用の容器に入れていきます。木の裏側にもいるのでよく見て捕獲します。

ゴール 全ての昆虫を虫かご用の容器に入れたらゴールです。

作りやすさ ★★☆

木の表面は面ファスナーがはがれやすく、やや作りづらいです。入れた昆虫が気にならないよう、虫かご用の容器は中が見えないものを加工します。

使いやすさ ★★★

木は太く頑丈なので、落としても壊れません。虫かご用の容器も金属製のものを加工しているので、丈夫で扱いやすいです。

視覚的構造化を盛り込む作り方

視覚的指示　容器に昆虫の名前とイラストが描かれている

視覚的明瞭化　3種類の容器は色分けされ、区別しやすくなっている

視覚的組織化　木はトレイに固定され、昆虫を取ってもずれないようになっている

☞ **制作のヒント**

黒の面ファスナーを使うと、木の色と同化し目立たなくなります。

魚にエサをあげよう

shoe box

ここに注目! パンチボードの上を、大きな水槽に見立てました。
たくさんの魚が口を大きくあけてエサを待っています。

やり方 魚の口の部分に穴があいています。小ケースにエサ
のビーズが入っているので、魚の口に1つずつ入れ
ていきます。

ゴール 全ての魚にエサをあげることができたらゴールです。

作りやすさ ★☆☆

魚の大きさは、他の魚とバランスをとりながら調整して配置しま
す。さまざまな向きで泳がせ、水槽の中を表現しましょう。

使いやすさ ★☆☆

エサは小さなビーズのため、落としやすいです。逆さにして取
り出しますが、ビーズが穴に残りやすいので気をつけます。

視覚的構造化を盛り込む作り方

視覚的指示 魚の口部分に穴があ
いているので、そこにエサを入れる
とわかる

視覚的明瞭化 魚の口の穴がふち
どりされて目立っている

視覚的組織化 魚の口にちょうど入
るサイズのエサになっている

👉 **制作のヒント**

パンチボードの余分な穴は海藻などで隠
し、魚の口の穴だけが目立つようにしましょ
う。

93

ゴルフでホールインワン

shoe box

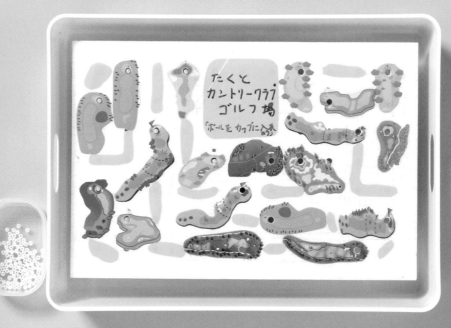

> **ここに注目!** ゴルフは、カップにボールを入れるというわかりやすいルールです。
> 余暇を発展させる自立課題にしました。

やり方 穴あきパンチボードにゴルフ場が描かれています。
カップの位置に穴があいているので、小ケースから
ボールを取り出し、入れていきます。

ゴール 全てのカップにボールを入れることができたらゴール
です。

作りやすさ ★★☆

穴あきパンチボードの穴をゴルフのカップに見立てます。間違
えないように他の穴はイラストなどで埋めましょう。

使いやすさ ★☆☆

ゴルフボールに見立てた小さなボール（ビーズ）は指でつかみ
づらいので、口に入れてしまうおそれのある人には十分気をつ
けましょう。

視覚的構造化を盛り込む作り方

視覚的指示 ゴルフコースに穴が
あいているので、ボールを入れると
わかる

視覚的明瞭化 カップ以外の穴は
塞いであるので、カップの穴を見つ
けやすい

視覚的組織化 ボールはカップの
穴にちょうど入るサイズになってい
る

バリエーションのつけ方

自立課題でルールを学んでから、パター
ゴルフなどで実際に遊んでみましょう。

あたりかな？ はずれかな？

shoe box

ここに注目! あたり、はずれのドキドキを気軽に感じてもらおうと作りました。楽しみながら分類できます。

やり方 棒が土台にたくさんささっています。取ると「あたり」「はずれ」がわかるので、指定された小ケースに分類していきます。

ゴール 全ての棒を取り、「あたり」「はずれ」を判断して小ケースに入れたらゴールです。

作りやすさ ★★☆

棒は木製のマドラーを加工しています。棒がささっている土台は、指輪などを保管するためのスポンジを活用しています。

使いやすさ ★★☆

分類された棒は、小ケースに入れるので取り出しやすいです。スタート設定は「あたり」「はずれ」をランダムにさしましょう。

視覚的構造化を盛り込む作り方

視覚的指示 小ケースに入れるべき棒が、文字と実物写真で指示されている

視覚的明瞭化 「あたり」は赤い字、「はずれ」は黒い字と見分けやすくなっている

視覚的組織化 トレイの中に小ケースなどが隙間なく収まって動かない

バリエーションのつけ方

好きなキャラクターや食べ物など、分類の方法をアレンジできます。

宝くじをあてて商品をゲット

Filing

たくと大府ジャンボ宝くじ

1等	カラーテレビ	当選番号	宝くじ
		12345	宝くじ 12345
		86861	宝くじ 86861

2等	れいぞうこ	当選番号	宝くじ
		22445	宝くじ 22445
		77771	宝くじ 77771

3等	そうじき	当選番号	宝くじ
		36363	
		12789	

4等	ドライヤー	当選番号	宝くじ
		45676	
		99988	

5等	かんでんち	当選番号	宝くじ
		55511	
		76555	

6等	えんぴつ	当選番号	宝くじ
		98765	
		12121	

ざんねん賞	たわし	当選番号	宝くじ
		45456	
		91912	

ここに注目！ 数字がわかる人の強みを活かして、
宝くじがあたる喜びを感じられる遊びを作りました。

やり方 ファイルに景品と当選番号が書かれています。下部に貼ってある宝くじから、当選番号と同じものを探し出して、番号のとなりに貼っていきます。

ゴール 当選番号に対応した宝くじを全て貼り付けることができたらゴールです。

作りやすさ ★★★

景品は本人の好きなものを選びましょう。また、当選番号は本人の理解度に合わせた桁数にするなど、アセスメントが大切です。

使いやすさ ★★★

はずれの宝くじもまぜて、やや多めの枚数になったとしても、管理がかんたんな自立課題です。

視覚的構造化を盛り込む作り方

視覚的指示 表に当選番号が書かれているので、同じ場号を探すのだとわかる

視覚的明瞭化 宝くじの番号の部分は背景が白くなっているので数字が見やすい

視覚的組織化 1等からざんねん賞まで枠で仕切られている

バリエーションのつけ方

数字だけでなく、アルファベットや記号などと組み合わせることもできます。

どのスポーツのボールかな？

> **ここに注目！** 世の中にはさまざまなスポーツがあることを知り、
> 興味・関心をもってもらうことを期待した自立課題です。

やり方 ファイルにスポーツのイラストが描いてあります。その
スポーツで使うボールを、下部にあるいろいろなボールから見つけ出して貼り付けます。

ゴール イラストのスポーツに適したボールを選んで、全て貼り付けることができたらゴールです。

作りやすさ ★★★

ボールをイラストのどこに貼るのかわかりにくい場合があるので、ボールを貼る位置には枠を書いておくとよいでしょう。

使いやすさ ★★★

誰もが知っているスポーツばかりです。本人とイメージを共有しながら取り組むことができます。

視覚的構造化を盛り込む作り方

視覚的指示 イラストに〇の枠線があるので、そこにボールを貼るとわかる

視覚的明瞭化 ボールを貼る位置の枠線が太く、はっきりと目立っている

視覚的組織化 〇の枠の中にボールがぴったり収まるようになっている

☞ **制作のヒント**

ボールの大きさは人とのバランスを意識して調整しましょう。

体操の順番を覚えよう

Filing

バンザイ！　しゃがむ　頭の後ろで手をくむ　イスにすわる

上をむく　腰をひねる　おじぎする　足をひらく

四つんばい　片足をあげる　足をくむ

床にすわる　寝る

後ろで手をくむ　両手をひろげる

下をむく　手を合わせる

> **ここに注目!** 健康維持のために、体操の時間を設ける施設もあります。
> 体操のやり方も自立課題にして学ぶことができます。

やり方 ファイルには身体の動きが文字で説明されています。
その動きの写真を見つけ、貼っていきます。

ゴール 文字で書いてあるとおりの動きの写真を見つけ、全て
貼ることができたらゴールです。

作りやすさ ★★★

体操を担当するスタッフが写真のモデルになれば、実際の場面
をよりイメージしてもらうことができ、活動に活かせます。

使いやすさ ★★★

1枚の写真では複雑な動きまで表現できないので、比較的わか
りやすい動きの写真からはじめるとよいでしょう。

視覚的構造化を盛り込む作り方

視覚的指示　身体の動きが文字で
簡潔に示されている

視覚的明瞭化　体操の写真には身
体しか写っておらず、注目しやすい

視覚的組織化　できあがると、一
連の体操マニュアルになる

バリエーションのつけ方

体操の動きをマスターしたら、さらに難し
い動きを写真に撮って発展させましょう。

ゆうえんちへようこそ

			たくとゆうえんちへ　ようこそ	
	たくと「コーヒーカップ」	チケット2まい	TICKET TICKET	
	たくと「バイキング」	チケット4まい	TICKET TICKET TICKET TICKET	
	たくと「UFOキャッチャー」	チケット1まい	TICKET	
	たくと「シンデレラ城ツアー」	チケット3まい		
	たくと「園内周遊バス」	チケット2まい		
	たくと「プリクラ」	チケット2まい		
	たくと「ゴーカート」	チケット3まい		
	たくと「シューティング」	チケット3まい		
	たくと「メリーゴーランド」	チケット2まい		

			チケットをはってね★	
	たくと「ジェットコースター」	チケット4まい		
	たくと「リバークルーズ」	チケット2まい		
	たくと「かんらんしゃ」	チケット4まい		
	たくと「リズムゲーム」	チケット1まい		
	たくと「おもしろじてんしゃ」	チケット2まい		
	たくと「お化けやしき」	チケット3まい		
	たくと「ミニSL」	チケット2まい		
	たくと「ヒーローショウ」	チケット4まい		
	たくと「ストラックアウト」	チケット1まい		

ここに注目!
行事などで行く機会がある遊園地。
乗り物のチケットを渡す練習として作った自立課題です。

やり方
乗り物と、それに乗るために何枚のチケットが必要か
が示されています。その数字を見て、必要な枚数の
チケットを右に貼っていきます。

ゴール
示された数のとおりにチケットを貼り付けることができ
たらゴールです。

作りやすさ ★★☆

チケットは多めに作る必要があります。乗り物のイラストは普段
行く遊園地のものと似たものを探しましょう。

使いやすさ ★★★

チケットは全て同じ形で、スタート設定に戻しやすい自立課題
です。

視覚的構造化を盛り込む作り方

視覚的指示　数字による指示と面
ファスナーの数でチケットの必要枚
数がわかる

視覚的明瞭化　チケットはシンプル
なデザインで、余計な刺激がない

視覚的組織化　チケットを表の枠に
1枚ずつ貼っていくので、数を数え
やすい

バリエーションのつけ方

全体のチケットの枚数を制限して、自分
で何に乗りたいか選ぶ練習をする設定に
もできます。

玉入れの赤白、どっちが勝つ？

Filing

ここに注目！ 玉入れは、赤と白で多いほうが勝ちというシンプルなルールです。そのシンプルさを利用してわかりやすい自立課題にしました。

やり方 ファイルの下部に、赤と白の玉が散らばっています。赤い帽子をかぶっている子どもがいるカゴに赤い玉を、白い帽子をかぶっている子どもがいるカゴに白い玉を入れていきます。

ゴール 全ての玉を適切に分類してカゴに入れることができたらゴールです。

作りやすさ ★★☆

玉が小さく、数が多いので、玉のイラストと面ファスナーをそれぞれ切って貼り付ける作業に時間と手間がかかります。

使いやすさ ★★★

赤と白をランダムに貼っていくだけなので、簡単にスタート設定に戻すことができます。

視覚的構造化を盛り込む作り方

視覚的指示 投げている子どもの帽子の色で、どちらに入れるか判別できる

視覚的明瞭化 玉は赤と白しかないので、はっきり区別ができる

視覚的組織化 玉はカゴの中に全て収まる数が貼られている

♪ バリエーションのつけ方 ♪

「玉の数」という欄を設け、数を数える要素を盛り込むこともできます。

ダーツゲームで遊ぼう

> **ここに注目！** ダーツは真ん中に矢を当てるというわかりやすいゲームです。
> 自立課題で学び、余暇に発展させましょう。

やり方
赤と黄色の矢があり、的の中心は赤または黄色に塗られています。矢の色を見分けながら的の中心につけていきます。

ゴール
矢を色で分類しながら的の中心に全てつけることができたらゴールです。

作りやすさ ★★★

矢の先端と的の中心のサイズが合うように作りましょう。矢が複数色あり、色の分類をさせたい場合は、的の中心を色分けします。

使いやすさ ★★★

矢は市販品で先端がマグネットです。比較的強い磁力で、ボードから落ちる心配が少ないので扱いやすいです。

視覚的構造化を盛り込む作り方

視覚的指示 的の中心に色が塗られているので、同じ色の矢をつけるとわかる

視覚的明瞭化 矢と的の中心が赤と黄色なので見分けやすい

視覚的組織化 矢がマグネットでついているので、揺らしても落ちず、完成状態を維持できる

☞ **制作のヒント**

的は、手描きだと中心がわかりづらいので、イラストを探しましょう。

第1項　身の回りのできることを増やす

花びら・木の実を集めよう

shoe box

ここに注目！ 小さな洗濯ばさみは、手先が不器用な人の練習に適しています。楽しくできるように工夫してみました。

やり方　木にかけられた小さな洗濯ばさみに、花びらや木の実が挟んであります。1つずつ取り外し、小ケースに入れていきます。

ゴール　全ての花びらや木の実を取り外して小ケースに入れたらゴールです。

作りやすさ ★☆☆

100円ショップで購入できるワイヤーネットにスタンドをつけて立て、小さな洗濯ばさみを吊るします。スタンドが箱の中に収まるような加工も必要です。

使いやすさ ★★☆

小さな洗濯ばさみから花・木の実を無理に引っ張ると、壊れてしまうことがあります。

視覚的構造化を盛り込む作り方

視覚的指示　空の小ケースがあるので、挟んであるものを外して入れるのだろうとわかる

視覚的明瞭化　花びらや木の実が立体的に配置され、目立っている

視覚的組織化　ワイヤーネットは箱に固定され、容易に動かない

バリエーションのつけ方

果物がなる木にして、実をとる設定にしても楽しくできます。

スナップボタンをつけよう

shoe box

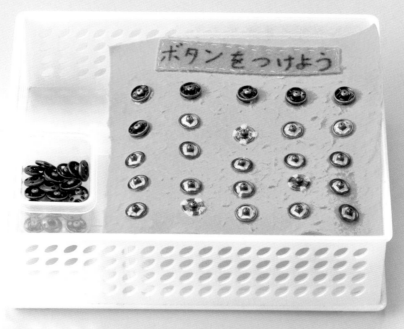

ここに注目! スナップボタンは何度も取り外しするため、しっかり縫い付け、さらに定期的に縫い直します。

やり方 布地にスナップボタンの片方が縫い付けられています。小ケースからもう片方を取り出してつけていきます。

ゴール 全てのスナップボタンをつけられたらゴールです。

作りやすさ ★☆☆

厚めの丈夫な布素材を用意しましょう。何度でも使えるようにしっかり縫い付けられるスキルが必要です。

使いやすさ ★☆☆

定期的に縫い直さないと、糸が伸びて取れてしまいます。定期メンテナンスが必要な自立課題です。

視覚的構造化を盛り込む作り方

視覚的指示 スナップボタンを取り付けるように文字で指示されている

視覚的明瞭化 材料は布地にボタンだけなので注目しやすい

視覚的組織化 スナップボタンが布地に縫い付けられているので、バラバラにならない

✂ バリエーションのつけ方 ✂

スナップボタンの大きさや種類を変えると、より実用的な自立課題になります。

靴を靴箱に入れよう

shoe box

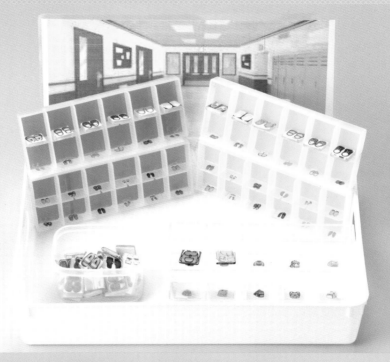

ここに注目! 靴やカバンを置きっぱなしにしてしまう人がいます。
決められた場所にしまう習慣をつけることがねらいです。

やり方 トレイに靴箱や荷物入れがあり、それぞれの棚に何を入れるかがイラストで指定されています。小ケースから靴やカバンを取り出し、指定の場所に入れていきます。

ゴール 靴箱や荷物入れに指定どおりの靴やカバンを全て入れたらゴールです。

作りやすさ ★☆☆

100円ショップで売っている小物ケースを靴箱や荷物入れに見立てています。靴やカバンは消しゴムを加工しています。いずれも細かい作業です。

使いやすさ ★☆☆

靴の数が多いと、トレイの上で散らかったり、靴箱に入れても持ち運ぶ時に落ちたりするので、やや扱いづらいです。

視覚的構造化を盛り込む作り方

視覚的指示 靴箱や荷物入れにイラストが貼ってあり、そこに入れるとわかる

視覚的明瞭化 靴は黒、カバンは白の消しゴムで作ってあるので、見分けやすい

視覚的組織化 靴箱や荷物入れは既製品で空間が均一の大きさになっている

☞ **制作のヒント**

靴箱や荷物入れに傾斜をつけると、入れた靴などが落ちにくいです。

きれいに花を咲かせよう

shoe box

ここに注目！ 微細運動でよく用いられるネジはめ課題を、
もっと楽しくアレンジできないかと考えて作った自立課題です。

やり方 小ケースにさまざまなサイズのキャップが入っています。花の中心部に出ている醤油さしの先端に合うキャップを選び、しめていきます。

ゴール 全ての花のキャップをしめることができたらゴールです。

作りやすさ ★☆☆

花の中心部に小さな穴をあけて、裏側から醤油さしの口の部分を通します。花全体がトレイの上に安定して自立するよう工夫が必要です。

使いやすさ ★☆☆

手荒に扱うと安定感を失い倒れやすくなったり、醤油さしが取れてしまったりするので、扱いに気を遣います。

視覚的構造化を盛り込む作り方

視覚的指示 花の中心部からネジが突き出ているので、キャップをしめるのだとわかる

視覚的明瞭化 花の中心部からネジが突き出ているので、見つけやすい

視覚的組織化 キャップをしめる手ごたえやぴったりはまる感触を得られる

☞ **制作のヒント**

キャップの色や形は、花のデザインとして活かしましょう。

忘れ物はないか確認しよう

Filing

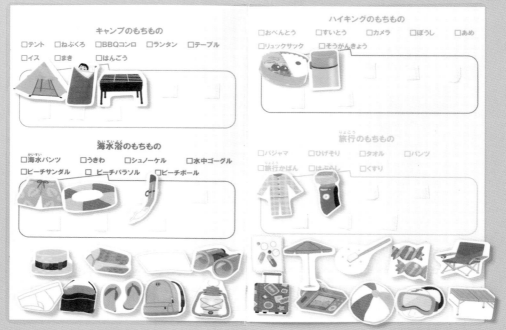

> **ここに注目!** 障害の特性上、忘れ物をくり返してしまう人がいます。
> できる限り忘れ物を予防するねらいで作った自立課題です。

やり方 持ち物のチェックリストがあります。リストにあるものを選び、枠の中に貼っていきます。貼ったらチェックリストの□にしるしをつけます。

ゴール チェックリストに提示された持ち物を全て貼り、リストの□にチェックを入れたらゴールです。

作りやすさ ★★★

チェックリストは簡潔に、持ち物はなじみのあるものにします。何度も練習できるように作りましょう。

使いやすさ ★★☆

ホワイトボードマーカーであれば□の✓は何度も書き・消しできます。定期的にエタノールで拭くときれいになります。

視覚的構造化を盛り込む作り方

視覚的指示 どんな持ち物が必要か、チェックリストに文字で指示されている

視覚的明瞭化 持ち物のイラストが他のものと明確に区別できる

視覚的組織化 持ち物が枠の中に全て収まるようになっている

♪ バリエーションのつけ方 ♪

毎日の持ち物からはじめ、週末の外出時の持ち物などへ広げていきましょう。

同じボタンを見つけよう

Filing

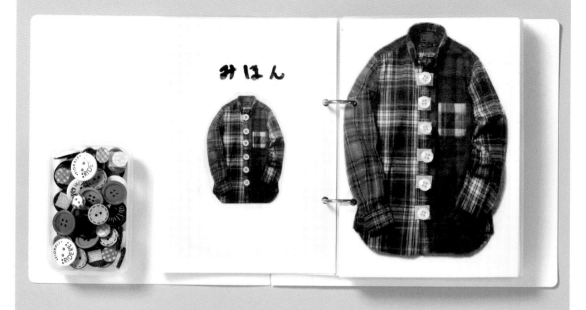

ここに注目! 見本を見て、同じものを作ることが目的です。
同時に、ボタンを留める意識をつける ねらいもあります。

やり方 左のページに完成見本が提示してあります。小ケースから見本と同じボタンを探し、面ファスナーに貼っていきます。

ゴール 全てのページで見本どおりにボタンを貼り付けることができたらゴールです。

作りやすさ ★★★

ボタンは実物で、裏に面ファスナーが貼ってあります。面ファスナーがはがれにくいボタンを選びましょう。

使いやすさ ★★★

ボタンは面ファスナーで貼られているだけなので、外してスタート設定に戻すのも簡単です。

視覚的構造化を盛り込む作り方

視覚的指示 「みほん」の文字とともに、完成形が提示されている

視覚的明瞭化 衣服とボタンは明確に違う色で、ボタンの形状が見分けやすい

視覚的組織化 見開きにつき1着の設定になっている

👉 **制作のヒント**

リングファイルを使い、見開きに1着の設定にすると、全体の課題数の調整ができます。

傘をさしていこう

Filing

ここに注目! 雨の日は外出を控えがちですが、傘をさすことを理解できれば外出も可能です。自立課題で学びましょう。

やり方 ファイルにさまざまな人のイラストがあります。人が傘をさしているイメージで、適切な位置に傘のイラストを貼り付けていきます。

ゴール 全てのイラストの適切な位置に傘をさすことができたらゴールです。

作りやすさ ★★☆

傘を持っているように見えるイラストを選びます。人と傘のバランスなど、サイズの微調整が必要です。

使いやすさ ★★★

傘の柄の部分は細いと折れ曲がってしまいます。ラミネートの余白を多めに残し、強度を高めましょう。

視覚的構造化を盛り込む作り方

視覚的指示 文字による指示と面ファスナーの位置で、傘をそこに貼るとわかる

視覚的明瞭化 人のイラストは余計な刺激がなく、人だけが強調されている

視覚的組織化 傘はよく見るタイプのものに統一されている

☞ .... 制作のヒント

人のイラストの周囲に雨が降る様子を描くと、傘をさす状況を伝えやすくなります。

持ち物に名前を書こう

Filing

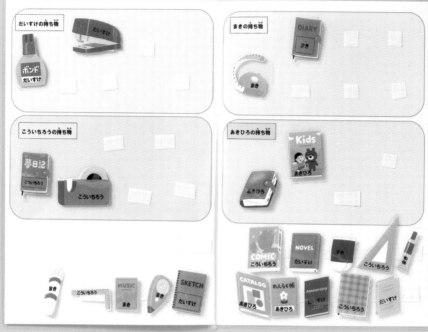

> **ここに注目!** それぞれのものの名前を意識し、自分の持ち物と他人の持ち物があることを理解してもらうために作った自立課題です。

やり方 ファイルに「○○の持ち物」と書かれています。それぞれのものに書かれた名前を見て、誰のものかを判断し、適切な位置に貼っていきます。

ゴール 全てのものを名前のとおりに分類することができたらゴールです。

作りやすさ ★★★

日常的に身近で、誰もが持っているものを選びます。名前を記入できる部分のあるイラストを選びましょう。

使いやすさ ★★★

もののイラストをファイルの下部にランダムに貼るだけでスタート設定に戻すことができます。

視覚的構造化を盛り込む作り方

視覚的指示 文字による指示で、同じ名前のものを分類するのだとわかる

視覚的明瞭化 わかりやすい位置に目立つように名前が書かれている

視覚的組織化 枠の中が色分けされ、その中に全て収まるようになっている

✂ バリエーションのつけ方 ✂

実生活で他人の持ち物と間違えやすいものを写真に撮り、よりリアルに練習することもできます。

きれいに髪を切ろう

Filing

> **ここに注目!** 自分の髪の状態を自覚しにくいため、整髪が苦手な人もいます。
> どんな状態かイメージしてもらうための自立課題です。

やり方 左ページに「髪を切りましょう」、右ページに「髪を切りました」と書いてあります。さまざまな髪の状態のイラストがあるので、適切なほうに分類していきます。

ゴール さまざまな髪の状態を全て適切に分類できたらゴールです。

作りやすさ ★★☆

「ボサボサ」「スッキリ」それぞれのイラストを探すのは苦労します。特に「ボサボサ」は残念なイメージのものを選びましょう。

使いやすさ ★★★

スタート設定は下部にランダムに貼るだけなので、戻すのは簡単です。

視覚的構造化を盛り込む作り方

視覚的指示 どちらに分類すればよいか、文字と床屋のイラストで指示されている

視覚的明瞭化 イラストで「ボサボサ」「スッキリ」のイメージが明確に区別できる

視覚的組織化 分類すると、それぞれの枠内にちょうどよく収まる

👉 制作のヒント

本人の写真で「どれくらい伸びたら切るタイミングか」を学習するようなアレンジもできます。

傷にばんそうこうを貼ろう

Magnet

3

ここに注目!
切り傷にはばんそうこうがよく使われます。
中心のガーゼを患部にあてて貼れるようにするために作りました。

やり方
ホワイトボードには手足に傷のあるイラストがあります。傷の手当てをするイメージで、適した位置にばんそうこうを貼り付けていきます。

ゴール
ばんそうこうの中心のガーゼを意識して、全ての傷部分にばんそうこうを貼り付けることができたらゴールです。

作りやすさ ★★★

手や足はイラストを使っていますが、傷部分は手で描き加えています。ばんそうこうで隠れるサイズに描きましょう。

使いやすさ ★★★

ばんそうこうは全て同じものなので、スタート設定時に並べ方を考える必要はありません。

視覚的構造化を盛り込む作り方

視覚的指示　手足に傷があり、ばんそうこうがあるので、そこに貼るのだろうとわかる

視覚的明瞭化　傷の部分は赤く描いてあるので目立っている

視覚的組織化　適切な位置にばんそうこうを貼れば、となりの手足に干渉しない

👉 制作のヒント

大きい傷は恐怖心を引き起こす上、ばんそうこうからはみ出てしまいます。小さい傷でOKです。

歯みがきの意味を理解しよう

Magnet

ここに注目！ 歯みがきは、動作も汚れも目に見えにくいものです。
重要なスキルなので、まずは自立課題で視覚的に学びましょう。

やり方　ホワイトボード上に口をあけた人や動物のイラスト（ラミネート済み）が貼られていて、その歯に汚れがついています。歯ブラシで汚れをこすって消していきます。

ゴール　全ての汚れをキレイに消すことができたらゴールです。

作りやすさ ★★☆

イラストの口の中または歯の部分だけをカッターでくり抜きます。歯ブラシは毛先をカットし、歯の汚れを消すためのスポンジを貼ります。

使いやすさ ★★★

スタート設定では、ホワイトボードマーカーで歯に汚れをつけた状態にしておくだけで OK です。

視覚的構造化を盛り込む作り方

視覚的指示　大きくあけた口の横に歯ブラシがあるので、こするものとわかる

視覚的明瞭化　白い歯に黒い汚れがついているので、何を消すかわかりやすい

視覚的組織化　イラストはラミネートで固定されているので、歯ブラシでこすりやすい

☞ **制作のヒント**

歯ブラシはホワイトボードの目立つ位置に面ファスナーで固定すると手にとりやすくなります。

正しくマスクをつけよう

マスクをしましょう
おんなのこようマスク

マスクをしましょう
おとこのこようマスク

ここに 注目! 正しい位置にマスクをつけることを
意識してもらうために作った自立課題です。

やり方 ホワイトボードに顔のイラストが描かれています。見
本で指定されたマスクと同じものを、顔の適した位置
に貼り付けていきます。

ゴール 全てのイラストにマスクを貼ることができたらゴール
です。

作りやすさ ★☆☆

マスクはマグネットシートに貼りますが、ひもの部分を切り抜く
のが細かく、制作が難しいです。

使いやすさ ★★★

マスクの色分類の要素も入っているので、スタート設定時は2
種類のマスクをランダムに小ケースに入れておきましょう。

視覚的構造化を 盛り込む作り方

視覚的指示 2種類のマスクをどう
分類するか、文字と見本で示され
ている

視覚的明瞭化 マスクが区別しや
すい柄になっている

視覚的組織化 顔とマスクの大きさ
のバランスが整っている

✂ バリエーションのつけ方 ✂

マスクの柄を増やして、分類の要素を増
やすこともできます。

第 2 項　社会生活力を高める

シンボルマークを完成させよう

shoe box

ここに注目！ 町でよく見るシンボルマークを自立課題にしました。
一対一活動で意味を学ぶこともできます。

やり方 木の板にマークの完成形が小さく提示されています。
小ケースから、半分になったマークのカードを見つけ、
木の板とウレタン素材にさし込みます。

ゴール 見本のとおりにシンボルマークをさすことができたら
ゴールです。

作りやすさ　★★☆

さしたカードを安定させるため、ウレタン素材に切り込みを入れ、
さらに木の板で挟んで作ります。

使いやすさ　★☆☆

木の板はウレタン素材にボンドで貼りましたが、この組み合わ
せは取れやすいので、他の素材のほうがよいでしょう。

視覚的構造化を盛り込む作り方

視覚的指示　見本が提示されてい
るので、そのカードをさすのだろう
とわかる

視覚的明瞭化　カードが半分に
なっても区別しやすいものを選んで
いる

視覚的組織化　カードをさす感触
が心地よく、倒れずに維持される

制作のヒント

安定感を重視する場合、マグネット課題
として作ることもできます。

資源ゴミを正しく分別しよう

shoe box

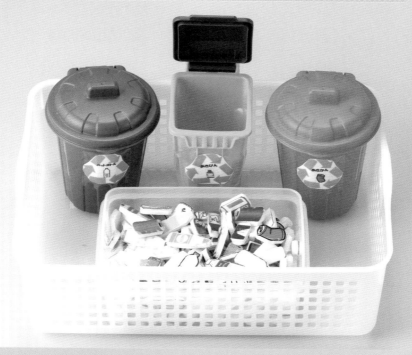

**ここに
注目!** ペットボトル・かん・びんの分別ができるようになると、
廃棄ができるようになり、日常生活に役立ちます。

やり方 トレイの上に分別用のゴミ箱があります。小ケースの
中にあるペットボトル・かん・びんを、それぞれ適し
たゴミ箱に入れていきます。

ゴール ペットボトル・かん・びんを全て適切に分別すること
ができたらゴールです。

作りやすさ ★☆☆
かんなどのイラストは、立体感を出すため、厚めの発泡素材に
貼ってあります。小さくて数が多いので、制作に時間がかかり
ます。

使いやすさ ★★☆
かんなどのイラストは、厚めの発泡素材に貼ると持ちやすくなり
ますが、強度はあまり出ません。小さいので落としてしまうこと
もあります。

視覚的構造化を
盛り込む作り方

視覚的指示 文字とイラストでゴミ
箱に何を入れるか指示されている
視覚的明瞭化 ゴミ箱が色分けし
てあり、見分けやすい
視覚的組織化 ゴミ箱がちょうど
いっぱいになる量のペットボトル・
かん・びんがある

バリエーションのつけ方

自治体の分別ルールによって、アルミ缶
とスチール缶の分類もできると、さらに実
用的です。

衣類を分けてタンスにしまおう

shoe box

ここに注目! 自分の衣類を片づけるスキルを高める自立課題です。
生活にとても役立ちます。

やり方 タンスに見立てた小物入れの各引き出しに、入れる衣類の見本が貼ってあります。小ケースに入っている衣類を見て、どの引き出しに入れるのか判断しながら衣類を分類していきます。

ゴール タンスに提示された見本のとおりに衣類を全て分類できたらゴールです。

作りやすさ ★☆☆

衣類のイラストは粘着シート付きのフエルトに貼り、衣類の質感を出しています。数が多く切り抜きも細かく、制作は難しいです。

使いやすさ ★☆☆

スタート設定では、小ケースにランダムに衣類が入っています。数が多いので、完成時の成果の確認が少し大変です。

視覚的構造化を盛り込む作り方

視覚的指示 文字とイラストでどの引き出しに何の衣類を入れるか指示されている

視覚的明瞭化 文字とイラストがはっきりと大きく示されている

視覚的組織化 既製品の小物入れを使うことで、強度が保たれ、他のものとまざらない

☞ **制作のヒント**

靴下や下着のみなど、判別しやすいものからはじめましょう。

自動販売機にコイン投入

shoe box

ここに注目！ 買い物の練習の第一歩として、
まずは自動販売機にコインを入れることを学べます。

やり方 自動販売機を模した小物入れに、入れるコインの指示があります。小ケースに入っているそれぞれのコインを、指示された自動販売機に入れていきます。

ゴール 全てのコインを指示に従って自動販売機に入れることができたらゴールです。

作りやすさ ★★☆

100円ショップにある、ふたが透明な小物入れを縦置きにして、自動販売機に見立てています。コインはおもちゃのコインを使います。

使いやすさ ★★★

コインを入れるふたの部分は、切り抜くと強度が下がるので扱いに気をつけます。その他は丈夫で壊れにくい自立課題です。

視覚的構造化を盛り込む作り方

視覚的指示 入れるコインがそれぞれの自動販売機にイラストで指示されている

視覚的明瞭化 コインを入れる部分が切り込みと円形で強調されている

視覚的組織化 トレイの中に小物入れが隙間なく置かれている

👉 制作のヒント

自動販売機は、イラストや実物の写真を貼ることで本物らしさが出ます。

数字をグラフに置き換えよう

Filing

		カレーライス	マーボードーフ	

（食品表）

カレーライス		マーボードーフ	
辛さ 5		辛さ 4	
甘さ 2		甘さ 1.5	
苦さ 1		苦さ 1.5	
酸っぱさ 1		酸っぱさ 3	

エビフライ		メロン	
辛さ 0.5		辛さ 0	
甘さ 3		甘さ 5	
苦さ 2		苦さ 2.5	
酸っぱさ 1		酸っぱさ 1	

うめぼし		コーヒー	
辛さ 4		辛さ 0.5	
甘さ 0.5		甘さ 4	
苦さ 2		苦さ 3	
酸っぱさ 5		酸っぱさ 2	

ケーキ	
辛さ 0	
甘さ 5	
苦さ 0.5	
酸っぱさ 2.5	

ピーマン	
辛さ 5	
甘さ 2	
苦さ 1	
酸っぱさ 1	

ここに注目! 数字を理解している人に、量の大小を視覚的に認識できるグラフを作る練習として作りました。

やり方 食べ物の「辛さ」などが、数値化されて書かれています。その数値をハートマークに置き替えて貼り付けていきます。数値には「半分」を表す 0.5 の要素も入っています。

ゴール 全ての食べ物に示された数値どおりのハートマークを貼り付けることができたらゴールです。

作りやすさ ★☆☆

量のマーク（この自立課題では♡）は小さく、面ファスナーを枠からはみ出ないように作る必要があり、細かい作業が多く、制作は難しいです。

使いやすさ ★★☆

量のマークは小さく落としやすいため、あらかじめ多めに作っておきましょう。

視覚的構造化を盛り込む作り方

視覚的指示 数値が明示してあり、同じ数のハートマークを貼るとわかる

視覚的明瞭化 ハートマークが赤く、貼ると立体感が出て目立つ

視覚的組織化 ハートマークを規則正しく並んだ枠に1つずつ貼る設定になっている

⚓ バリエーションのつけ方 ⚓

さまざまなものの長さや大きさ、重さなどをグラフ化することができます。

お薬を分けよう

Filing

おくすりを分けましょう

錠剤(じょうざい)				
3じょう				
1じょう				
5じょう				
2じょう				

カプセル				
2カプセル				
4カプセル				
3カプセル				
1カプセル				

粉薬(こなぐすり)				
2ふくろ				
5ふくろ				
3ふくろ				
4ふくろ				

カプセル				
4カプセル				
2カプセル				
3カプセル				

粉薬(こなぐすり)				
3ふくろ				
1ふくろ				
4ふくろ				

錠剤(じょうざい)				
2じょう				
1じょう				
5じょう				

ここに注目! 薬を飲んでいる人は多いですが、自己管理は難しいものです。薬の量を理解するほか、錠剤・粉末などの剤形も学べます。

やり方 ファイルに錠剤・カプセル・粉薬の数が示されています。指示どおりの数と剤形の薬を選び、貼り付けていきます。

ゴール 指示されたとおりの剤形の薬とその数を全て正しく貼り付けることができたらゴールです。

作りやすさ ★★☆

薬の数が多く、カプセルや錠剤は小さい部品になるので、切る作業に時間がかかり、制作が難しいです。

使いやすさ ★★★

3種類の薬をランダムに並べるだけでスタート設定ができるので、扱いやすいです。

視覚的構造化を盛り込む作り方

視覚的指示 剤形が文字とイラストで、数は数字で指示されている

視覚的明瞭化 剤形はそれぞれ明確に区別ができる

視覚的組織化 全体が表になっていて、完成後整理された状態になる

✂ バリエーションのつけ方 ✂

実際に飲んでいる薬を曜日、朝昼夕で分けるなど、実生活に近づけることができます。

季節に合った洋服を着よう

Filing

> **ここに注目!** 同一性保持の強い人は、季節に合う服に替えることが苦手な場合があります。夏と冬を関連づけて学びましょう。

やり方 ファイルの左ページに夏の服、右ページに冬の服を選ぼうと指示されています。衣類を判別して、適したほうに貼り付けていきます。

ゴール 全ての衣類を夏の服、冬の服に分類して貼り付けることができたらゴールです。

作りやすさ ★★★

その季節を象徴する衣類のイラストを選びます。衣類のイラストを見つけることができれば、比較的作りやすい自立課題といえます。

使いやすさ ★★★

衣類をランダムに並べるだけでスタート設定にすることができます。

視覚的構造化を盛り込む作り方

視覚的指示 文字と、夏と冬のイメージ図で指示されている

視覚的明瞭化 衣類は、夏の服・冬の服が明確に判別しやすいものになっている

視覚的組織化 夏の服・冬の服がそれぞれの枠内に収まるようになっている

✂ バリエーションのつけ方 ✂

長袖・半袖という分類のみにすることで難易度を下げることもできます。

ものの名前を覚えよう

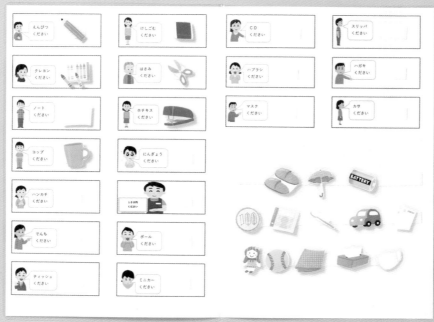

> **ここに注目!** 文字が読める場合、ものの名前を覚えて知識の幅を広げることができます。自立課題で学習しましょう。

やり方 人のイラストにふきだしで「○○ください」と書かれています。その指示どおりのものを右下から選び、貼り付けていきます。

ゴール ふきだしで指示されたものを全て貼り付けることができたらゴールです。

作りやすさ ★★★

身近にあるものを素材にして作りましょう。人とのコミュニケーションも意識できるような作りにします。

使いやすさ ★★★

ランダムに提示しておくだけでスタート設定に戻すことができます。

視覚的構造化を盛り込む作り方

視覚的指示 文字で「○○ください」と書かれている

視覚的明瞭化 身近にある、見慣れたわかりやすいものが素材となっている

視覚的組織化 1つずつ枠があり、その中に収まるようになっている

♪ バリエーションのつけ方 ♪

ダミーとして、指示のないものもあえて提示しておくと、難易度を上げることができます。

第3節　第2項　社会生活力を高める

121

ガスコンロの火の強さを感じよう

Filing

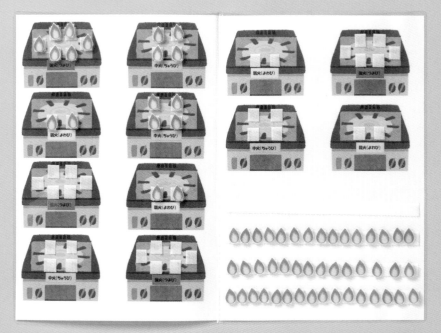

ここに注目! ガスコンロを触る機会が少ない人もいるでしょう。
自立課題で火加減を学べば、火を扱う準備ができます。

やり方 ガスコンロに「強火」など火加減が書いてあり、面ファスナーが貼られています。その数どおりの火を貼り付けていきます。

ゴール 全ての面ファスナーに火を貼ると、火加減に応じたガスコンロが完成します。

作りやすさ ★★☆

火の形状は全て同じですが、小さくて数が多く、面ファスナーを貼る作業には時間と手間がかかります。

使いやすさ ★★★

火の形状が同じなので、スタート設定の並べ方を気にする必要はありません。多めに作っておけば、なくしても安心です。

視覚的構造化を盛り込む作り方

視覚的指示 「強火」などの火加減と面ファスナーの数で、火をいくつ貼るかわかる

視覚的明瞭化 平面のガスコンロに火を貼ると立体的になり、貼ったことがわかりやすい

視覚的組織化 どのガスコンロも火加減によって火を貼る位置が一定になっている

✂ バリエーションのつけ方 ✂

火の数ではなく、火の大きさを選ぶ設定でも作ることができます。

この切符はいくら？

Filing

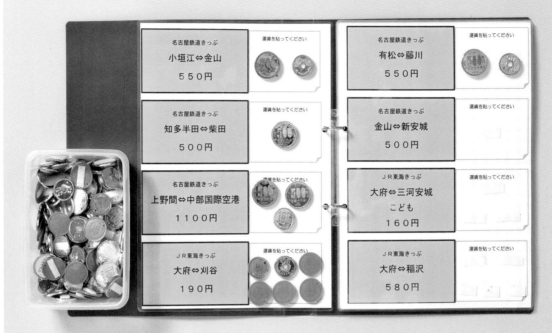

名古屋鉄道きっぷ	運賃を貼ってください
小垣江⇔金山	
５５０円	

名古屋鉄道きっぷ	運賃を貼ってください
有松⇔藤川	
５５０円	

名古屋鉄道きっぷ	運賃を貼ってください
知多半田⇔柴田	
５００円	

名古屋鉄道きっぷ	運賃を貼ってください
金山⇔新安城	
５００円	

名古屋鉄道きっぷ	運賃を貼ってください
上野間⇔中部国際空港	
１１００円	

ＪＲ東海きっぷ	運賃を貼ってください
大府⇔三河安城 こども	
１６０円	

ＪＲ東海きっぷ	運賃を貼ってください
大府⇔刈谷	
１９０円	

ＪＲ東海きっぷ	運賃を貼ってください
大府⇔稲沢	
５８０円	

ここに注目！ お金を理解できる人は、買い物以外にもそのスキルを活用できます。外出活動で役に立つ自立課題です。

やり方 切符に値段が書かれています。小ケースからおもちゃのコインを選び、指示された値段になるように貼っていきます。

ゴール 全ての切符の値段どおりにコインを貼り付けることができたらゴールです。

作りやすさ ★★★

切符には地元の身近な駅名を書きます。実際の金額と同じにすると、より実生活に活かすことができます。

使いやすさ ★★★

リングファイルを使っているので、ページ数を自由に調整できます。

視覚的構造化を盛り込む作り方

視覚的指示 切符の値段と面ファスナーの数で、どのコインを貼るかわかる

視覚的明瞭化 貼り付けたコインが重なることなく見やすい

視覚的組織化 どのページも切符が４枚ずつになっていて、統一感がある

✎ バリエーションのつけ方 ✎

おもちゃのお札を使えば、新幹線や飛行機などに乗る時の大きなお金の単位を学ぶこともできます。

「視力検査」を練習しよう

Filing

視力検査で何を求められているか理解できない人は少なくありません。
自立課題で練習しておきましょう。

やり方　視力検査表のCに似たマーク（ランドルト環）のあいている方向に矢印を貼り付けます。実際の検査のように徐々に小さくなり、難しくなっています。

ゴール　全ての欄に、適切な向きに矢印を貼ることができたらゴールです。

作りやすさ ★☆☆
ランドルト環は、大きいものから徐々に小さくなるようにパソコンで調整します。矢印は小さく数が多いので、切って面ファスナーを貼るのが大変です。

使いやすさ ★★☆
矢印は全て同じものですが、小さいので落としやすいです。多めに作っておきましょう。

視覚的構造化を盛り込む作り方

視覚的指示　文字による指示があり、左上には見本が印刷されている

視覚的明瞭化　矢印は赤く目立つ色になっている

視覚的組織化　表になっており、どの向きの矢印でも枠に収まる

制作のヒント
矢印を指のイラストにすると、さらにわかりやすくなるでしょう。

ロッカーの鍵番号は何番？

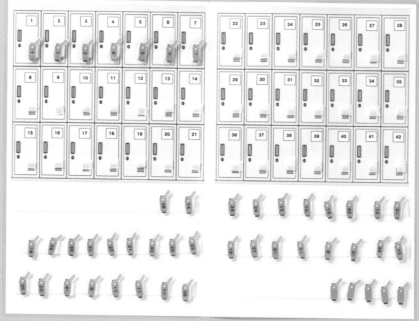

ここに注目! プールや温泉などでロッカーを使うことがあります。
この自立課題で練習しましょう。

やり方 ロッカーに番号が割り振られています。同じ番号の鍵を下部から見つけ、ロッカーに貼り付けていきます。

ゴール 全てのロッカーに、同じ番号の鍵を貼り付けることができたらゴールです。

作りやすさ ★★☆

鍵が小さく、切って面ファスナーを貼る作業に時間と手間がかかります。

使いやすさ ★★☆

鍵が小さいので落とすことがあります。予備を作っておきましょう。

視覚的構造化を盛り込む作り方

視覚的指示 ロッカーに番号が提示されているので、同じ番号の鍵を選ぶとわかる

視覚的明瞭化 鍵の番号は明確に表示されている

視覚的組織化 ロッカーが整然と並び、鍵を貼る位置も全て一定になっている

🔗 バリエーションのつけ方 🔗

番号の桁数を増やしたり、数列にアルファベットを入れたりして、難易度を調整できます。

第3項　学習に役立てる

発見！ わたしの町

shoe box

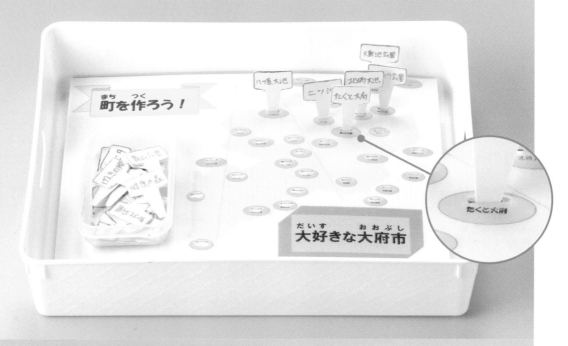

町を作ろう！

大好きな大府市
だいす　おおぶし

たくと大府

ここに注目！ 散歩や買い物などの外出活動で、
自分の住む町のどのあたりに行っているのかを確認することができます。

やり方 地図上に、外出活動でよく出かける場所が示されています。小ケースから、その行き先の札を取り出し、地図上にさしていきます。

ゴール 全ての札を適切な位置にさすことができたらゴールです。

作りやすさ ★★☆

カッティングマットの上に地図を載せ、切り込みを入れています。行き先の札は園芸用の名札プレートを使っています。

使いやすさ ★★★

カッティングマットはもともと丈夫で、何度抜きさししても強度が落ちないので、扱いやすいです。

視覚的構造化を盛り込む作り方

視覚的指示　地図上に文字で地名が書かれ切り込みがあるので、さすことがわかる

視覚的明瞭化　他の札と重ならない配置になっていて、見やすい

視覚的組織化　切り込みにさした時の手ごたえがよく、さした後も倒れず維持される

バリエーションのつけ方

文字の理解が難しい人の場合は、イラストや画像での指示も可能です。

ファイリングしよう

shoe box

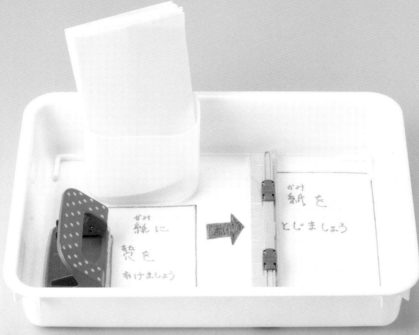

> **ここに注目!** 仕事では書類をファイリングする事務作業もあります。
> 作業を実際に体験・練習できる自立課題です。

やり方　小ケースに立ててある紙を穴あけパンチにセットして、穴をあけます。次に右のファイルにとじていきます。

ゴール　小ケースにある全ての紙に穴をあけ、とじることができたらゴールです。

作りやすさ ★★☆

紙ファイルのとじ具部分だけ切り取り、穴あけパンチとともにトレイに固定します。紙は A5 サイズに切って小ケースにセットします。

使いやすさ ★★☆

とじる練習なので、紙は不要紙で十分です。その人のスピードや集中力に合わせて枚数を決めましょう。

視覚的構造化を盛り込む作り方

視覚的指示　トレイの上に A5 サイズの紙をセットするための枠線が描かれている

視覚的明瞭化　ファイルのとじ具部分だけ切り取られているので、わかりやすい

視覚的組織化　全ての動作がトレイの上だけで完結できるセットになっている

👉 **制作のヒント**

穴あけパンチや紙ファイルは色が複数あるので、本人の好きな色を選びましょう。

棒に何個ささるかな？

ここに注目! 棒を見て、だいたいどれくらいの長さかを見立てる練習をすることができます。

やり方 木の板の上に竹ひごが突き出ています。長さがどれくらいかを見立てながら、木のブロックをさしていきます。

ゴール 竹ひごがちょうどよく埋まる高さまで木のブロックをさすことができたらゴールです。

作りやすさ ★☆☆

木の板にドリルで穴をあけ、竹ひごをさしています。木のブロックにもドリルで穴をあけています。

使いやすさ ★☆☆

竹ひごは折れやすいので、木のブロックをさしたり取り出したりする時に気をつける必要があります。

視覚的構造化を盛り込む作り方

視覚的指示 木の板から竹ひごが出ているので、さすのだとわかる

視覚的明瞭化 竹ひごの先端には色が塗られているので見つけやすい

視覚的組織化 木の板から均一な間隔で竹ひごが突き出ている

☞ **制作のヒント**

木のブロックはできるだけ垂直に穴をあけないと積みにくくなります。

この指何本？

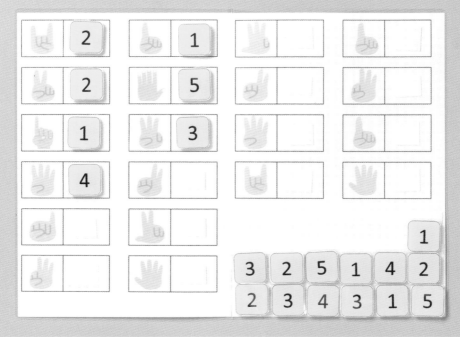

> **ここに注目！** 数を数える学習課題です。
> 実生活でも指で数えることがあるので、練習しておきましょう。

やり方　ファイルに描かれている手のイラストの指の数を数えます。右下に数字のカードがあるので、指で示された数を選んで、その横に貼り付けていきます。

ゴール　指の数どおりに数字のカードを貼り付けることができたらゴールです。

作りやすさ ★★★

手のイラストは指が数えやすくわかりやすいものを見つけましょう。カメラで指を撮った写真を使うこともできます。

使いやすさ ★★★

スタート設定では数字をランダムに貼り付けます。ダミーの数字を作って貼ると、難易度を少し高くできます。

視覚的構造化を盛り込む作り方

視覚的指示　指の本数で数を示している

視覚的明瞭化　手のイラスト以外描かれてないので、本数に注目しやすい

視覚的組織化　指と数字カードがそれぞれの枠の中に収まる

👉　**制作のヒント**

数字カードは角を丸く取る加工をすると手にやさしいです。

第3節　第3項　学習に役立てる

どんなえんぴつ？ どんなクレヨン？

Filing

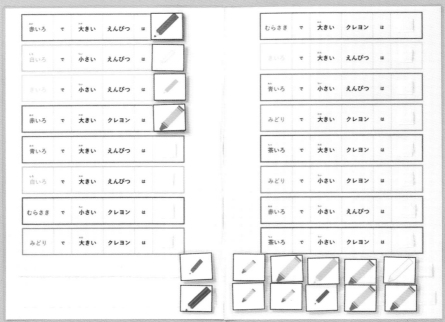

ここに注目! 1つの「もの」にも、色や形などさまざまな属性があります。
豊富な属性をもつ鉛筆やクレヨンでそれを学ぶ自立課題です。

やり方 ファイルに「もの」とその属性が書かれています。全ての属性を満たすイラストを選び、貼り付けていきます。

ゴール 全てのイラストを指定された属性のとおりに貼り付けることができたらゴールです。

作りやすさ ★★★

「大きい」「小さい」など、文字で書いた属性に合ったわかりやすいイラストを見つけるのに苦労するかもしれません。

使いやすさ ★★★

イラスト部分を下部にランダムに貼ればスタート設定ができます。

視覚的構造化を盛り込む作り方

視覚的指示 1つの枠に3つの属性が文字で指示されている

視覚的明瞭化 イラストは、属性が強調されていてわかりやすい

視覚的組織化 イラストが枠の中にぴったり収まる大きさになっている

バリエーションのつけ方

「長い」「短い」や「太い」「細い」など日常的に使う属性でアレンジすることができます。

どんな気持ちか想像してみよう

Filing

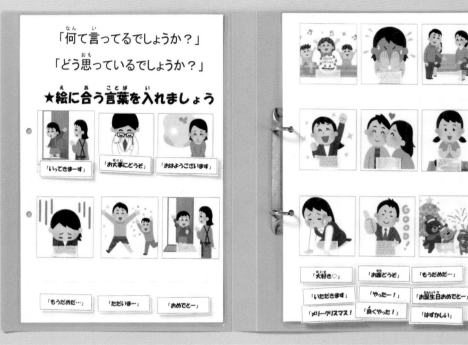

ここに注目！	人の表情から気持ちを読み取ることが苦手な人もいます。わかりやすいイラストで練習してみましょう。

やり方　人の気持ちが表現されたイラストがあります。下部にある気持ちを表す言葉を、適したイラストに貼っていきます。

ゴール　気持ちが表現されたそれぞれのイラストに適した言葉を貼ることができたらゴールです。

作りやすさ ★★☆
人の気持ちを表すイラストを探すのは意外と難しいです。あいまいな表現や混同しやすいイラストがないように気をつけましょう。

使いやすさ ★★☆
毎回間違えるところがあったら、イラストの表情が不明確な可能性があります。その場合、作り変えることが必要です。

視覚的構造化を盛り込む作り方

視覚的指示　文字で気持ちを読み取り、言葉を選ぶよう指示されている

視覚的明瞭化　気持ちを端的に表すイラストになっている

視覚的組織化　イラストの枠内に言葉を収めることができる

♪ バリエーションのつけ方 ♪

気持ちを表す「言葉」に、適切なイラストを貼っていく作り方もあります。

年齢の数だけろうそくを立てよう

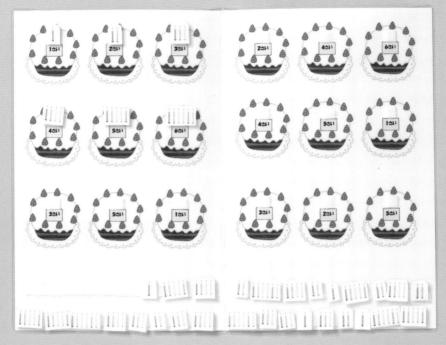

> **ここに注目!** 実際の生活場面に活かせる、数えるスキルの自立課題です。
> 楽しく数えられるよう、ケーキのろうそくを題材にしました。

やり方 ケーキに年齢が書かれています。下部にろうそくの束があるので、その年齢どおりの数のろうそくを選び、貼り付けていきます。

ゴール 年齢の数に合ったろうそくを全てに貼り付けることができたらゴールです。

作りやすさ ★★★

ろうそくは 1 ～ 6 本のいずれかでプリントされています。ケーキはシンプルなものを選びましょう。

使いやすさ ★★★

ろうそくを下部にランダムに並べるだけでスタート設定にすることができます。

視覚的構造化を盛り込む作り方

視覚的指示 ケーキに年齢が書かれているので、その本数のろうそくを貼るとわかる

視覚的明瞭化 ケーキの上に年齢が見やすく提示されている

視覚的組織化 ケーキが整然と並び、ろうそくをバランスよく載せることができる

バリエーションのつけ方

大きなケーキにすると、もっと多い数のろうそくや飾りも載せることができます。

ドリルの点数は何点？

Filing

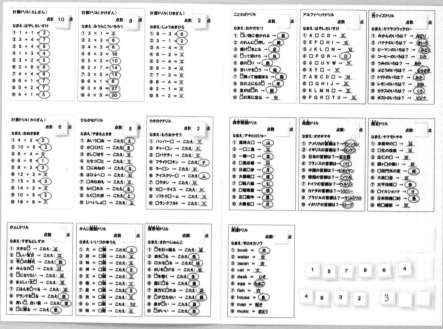

ここに注目! テストなどに解答することはあっても、点をつける機会は少ないでしょう。数えるスキルを伸ばせます。

やり方 ドリルの答案に〇×が書かれています。点数部分が空欄なので、〇の数を数えて、右下から点数を選び、貼り付けていきます。

ゴール 全ての点数欄に正しい点を貼り付けることができたらゴールです。

作りやすさ ★★☆

問題の中身は問わず、実際の答案用紙のような作りになっていればOKです。〇×は数えやすい表示にしましょう。

使いやすさ ★★★

点数の部品は数字だけなので、なくしてもすぐ作ることができます。

視覚的構造化を盛り込む作り方

視覚的指示 点数の欄があいているので、数を貼るとわかる

視覚的明瞭化 〇×は赤く書かれ目立っている

視覚的組織化 答案用紙がそれぞれ枠線で囲われ、独立していてわかりやすい

バリエーションのつけ方

テストの問題数を増やしたり、配点が違う問題を作ったりしてアレンジすることができます。

同じ重さにしてみよう

| ここに 注目! | 「同じものの重さは天秤で釣り合う」ということを 学習してもらうために作った自立課題です。 |

やり方 天秤に分銅が載っているので、重さを確認します。ファイルの下部から同じ重さの数字が書いてあるものを見つけ、天秤に載せます。

ゴール 全ての天秤に分銅と同じ重さのものを載せることができたらゴールです。

作りやすさ ★★★

身近なもののイラストを用意し、重さを表示します。重さはおおまかな目安で構いません。

使いやすさ ★★★

部品全体の数が少ないので、すぐに取り組むことができ、スタート設定に戻しやすい自立課題です。

視覚的構造化を 盛り込む作り方

視覚的指示 分銅に表示された重さと同じ重さのものを探して載せるのだとわかる

視覚的明瞭化 分銅やものに表示された重さが見やすい位置や大きさになっている

視覚的組織化 天秤が整然と規則正しく並んでいる

♪ バリエーションのつけ方 ♪

天秤に何も載っていない状態で、同じ重さのものを2つ選ぶという設定ではじめることもできます。

「よくできました」「がんばりましょう」

Filing

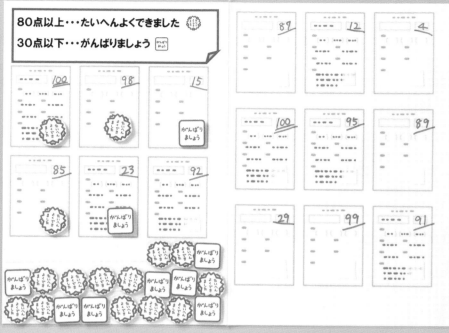

ここに注目! 「以上」「以下」は難しい概念ですが、数字が理解できれば できる可能性があります。チャレンジしてみましょう。

やり方 答案用紙に点数が書かれています。80点以上か30点以下かを見極めて、適したハンコを貼っていきます。

ゴール 全ての答案用紙に適したハンコを貼り付けることができたらゴールです。

作りやすさ ★★★

何点以上で「たいへんよくできました」がもらえるのかは、人によって価値観が違うので、取り組む人と一緒に決めてもよいでしょう。

使いやすさ ★★★

それぞれのハンコをファイルの下部にランダムに貼るだけでスタート設定ができます。

視覚的構造化を盛り込む作り方

視覚的指示 文字による指示で、どのハンコを貼るか示されている

視覚的明瞭化 白いファイルに点数とハンコだけが赤く目立っている

視覚的組織化 答案用紙が1枚ずつ分かれており、となりと区別しやすくなっている

👉 ……… 制作のヒント

「たいへんよくできました」がほしい人が多いので、多めに貼れる設定にしましょう。

日本の四季を楽しもう

Filing

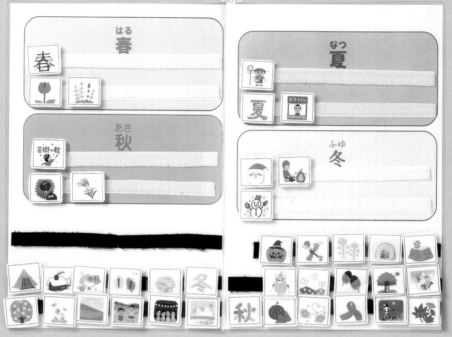

ここに注目! 日本には四季があり、それぞれに特徴があります。
特徴を知ることで季節の移り変わりを感じてみましょう。

やり方 春夏秋冬の枠があります。それぞれの季節をイメージ
できるイラストを選んで貼り付けていきます。

ゴール 全てのイラストを適切な季節に貼り付けることができ
たらゴールです。

作りやすさ ★★☆

その季節のイメージを表すイラスト選びは意外と難しいもので
す。季節を象徴する食べ物やイベントがわかりやすいでしょう。

使いやすさ ★★★

イメージイラストをファイルの下部にランダムに貼るだけでスター
ト設定ができます。

視覚的構造化を盛り込む作り方

視覚的指示 「春」「夏」など端的
に季節が提示されており、何を貼る
かがわかる

視覚的明瞭化 季節ごとの枠に色
がつけられ、見分けやすくなってい
る

視覚的組織化 季節ごとの枠の中
に、イラストがちょうどよく収まる

 制作のヒント

最初は本人がイメージできるイラストをそ
ろえ、徐々に増やしていきましょう。

信号ルールを覚えよう

Filing

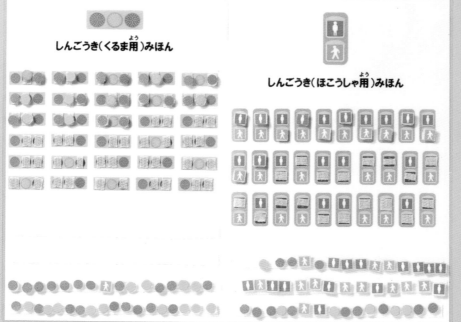

しんごうき（くるま用）みほん

しんごうき（ほこうしゃ用）みほん

ここに注目! 信号の理解は社会生活を送る上で必要な知識です。
信号機の役割を知り、赤と青の意味を理解しましょう。

やり方　信号機の見本に従って、赤・青・黄のいずれかの信号パーツを貼り付けていきます。信号機は2種類あるので、適切なほうを選びます。

ゴール　全ての信号機に適切な信号パーツを貼り付けることができたらゴールです。

作りやすさ ★☆☆

信号のパーツは小さい部品で数が多いです。小さく切って面ファスナーを貼る作業は根気が必要です。

使いやすさ ★★☆

信号の部品が小さいので落としやすいです。スタート設定に戻す時も、ファイルの下部に並べるのに時間がかかります。

視覚的構造化を盛り込む作り方

視覚的指示　大きな見本で、どこに何色を貼るべきかが示されている

視覚的明瞭化　信号機は色が明確なので見分けやすい

視覚的組織化　信号機は色の並びが統一されていて、規則性がある

👉 ┈┈ 制作のヒント ┈┈

信号の意味をはっきり知ってもらうために、一対一対応で、「赤の時は?」と尋ねてもよいでしょう。

現在の温度は？

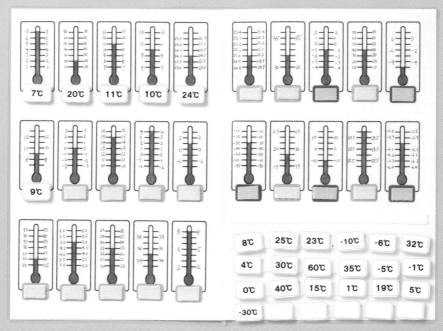

ここに注目! 温度計などの目盛りには数列の規則性があります。
数字が理解できる人の次のステップとしてチャレンジできます。

やり方 温度計に「温度は何度か」が表示されています。目盛りを読み取り、下にある温度の数字のパーツを貼っていきます。

ゴール 全ての温度計に示されたとおりの数字を貼ることができたらゴールです。

作りやすさ ★★☆
温度計の目盛り部分は手描きで、本人がわかる範囲の設定にします。赤い表示は度数の線ぴったりを示すようにしましょう。

使いやすさ ★★★
数字のパーツは、なくしてもすぐに作り直すことができます。

視覚的構造化を盛り込む作り方

視覚的指示 温度計が赤く表示されているので、目盛りを読むのだとわかる

視覚的明瞭化 イラストの温度計は、目盛りの間隔が細かすぎず見やすい

視覚的組織化 数列には規則性があり好まれやすい

バリエーションのつけ方
温度計はマイナスの設定もできます。本人の理解度をアセスメントして決めましょう。

飴を分けよう

Filing

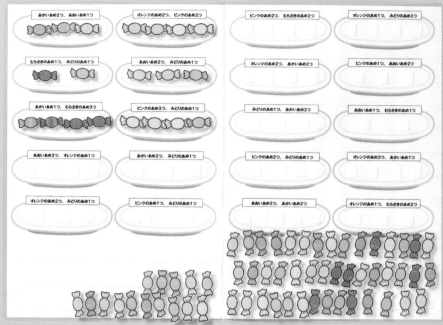

> **ここに注目！** お菓子などを分ける場面は日常生活でもよくあります。
> 自立課題で練習してみましょう。

やり方
皿のイラストの上に飴の色と数が指示されています。ファイルの下部から、その指示どおりの飴を選んで貼り付けていきます。

ゴール
指定されたとおりの飴を全ての皿に貼ることができたらゴールです。

作りやすさ ★★★

飴が小さいので、面ファスナーを貼る工程に手間がかかりますが、それ以外は難しいところはありません。

使いやすさ ★★★

ファイルの下部に飴をランダムに貼っておくことで、すぐにスタート設定ができます。

視覚的構造化を盛り込む作り方

視覚的指示 皿に文字でどんな色の飴を何個置くかが指示されている
視覚的明瞭化 皿に色や柄がないので、飴が目立ってわかりやすい
視覚的組織化 必ず皿の上に置ける数になっている

⚲ バリエーションのつけ方 ⚲

飴の色を1色にすると数の要素だけになるので、難易度を下げることができます。

あとどれくらい残ってる？

Filing

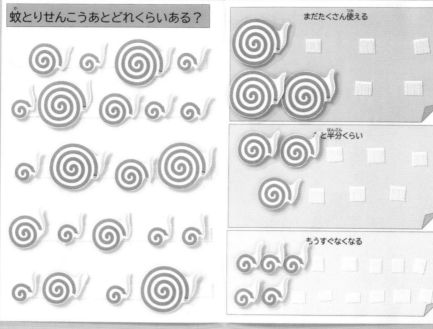

ここに注目! 抽象的な概念を学ぶ自立課題です。
「たくさん」「あと少し」の理解を、蚊取り線香を題材に学習してみましょう。

やり方 さまざまな大きさの蚊取り線香が提示されています。大きさを見極めて、「まだたくさん」「あと半分くらい」「もうすぐなくなる」の3つに分類していきます。

ゴール 全ての蚊取り線香を適切な場所に分類できたらゴールです。

作りやすさ ★★★

蚊取り線香をどの程度の大きさに切るかが難しいところですが、その他は作りやすいです。

使いやすさ ★★★

蚊取り線香はある程度大きさがあり、ラミネート加工で強度も出しやすいので扱いやすいです。

視覚的構造化を盛り込む作り方

視覚的指示 文字で「まだたくさん」などと書いてあるので、分類するのだとわかる

視覚的明瞭化 蚊取り線香は3種類とも明確に見分けられる大きさになっている

視覚的組織化 3種類に分けるとちょうどよく枠の中に収まるようになっている

☞ **制作のヒント**

蚊取り線香のような一色のシンプルな作りのものは、余計な刺激がなく集中しやすい題材です。

日本地図を作ろう

Magnet

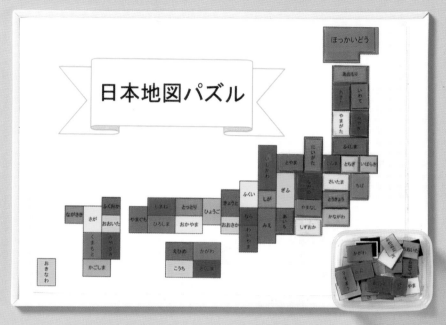

日本地図パズル

ここに 注目!	表計算ソフトのセルを利用して作った日本地図です。文字が理解できれば取り組むことができます。

やり方　日本地図が描かれています。同じ都道府県名のマグネットを小ケースから探し、その上に貼り付けていきます。

ゴール　全ての都道府県名のマグネットを貼り、日本地図が完成したらゴールです。

作りやすさ ★☆☆

都道府県名の部品をきれいに切らないと、地図がずれてしまいます。とても時間のかかる作業です。

使いやすさ ★☆☆

都道府県名の部品が小さいので落としやすいです。あらかじめ予備を作っておいてもよいでしょう。

視覚的構造化を盛り込む作り方

視覚的指示　日本地図に都道府県名が書かれているので、何を貼るかわかる

視覚的明瞭化　となりの都道府県名と色が異なっているので見分けやすい

視覚的組織化　1セル単位で構成されており、大きさに規則性がある

👉 制作のヒント

市販の地図パズルもありますが、情報量や過剰な刺激が多いので、このほうが適しています。

仲間に○をつけよう

Magnet

花を○で囲みましょう

ここに注目！ 同じ種類のものを見分ける分類課題です。
ものを１つに集めるのではなく、○をつけるところに特徴があります。

やり方 上部に「花を○で囲みましょう」と指示されている場合、花を探して、マグネットの○を貼っていきます。

ゴール 指示された対象を全て○で囲むことができたらゴールです。

作りやすさ ★★☆
○の中にイラストが収まるよう、大きさを調整します。隣のイラストと位置が近いと○が重なってしまうので、配置も重要です。

使いやすさ ★★★
○はマグネットで大きく作るので壊れにくいです。「花を囲む」「鳥を囲む」など、１つの自立課題で複数のパターンを提供できます。

視覚的構造化を盛り込む作り方

視覚的指示 何を○で囲むのか上部に文字で指示されている

視覚的明瞭化 ○が目立つ色で大きく、囲まれていることがわかりやすい

視覚的組織化 ○は全て同じ大きさで、イラストをぴったり囲むことができる

バリエーションのつけ方

分類課題なので、カテゴリー分けができる素材であれば、どんなテーマでも作れます。

自立課題制作・利用に
関する Q&A

自立課題に取り組んでくれませんどうしたらよいですか?

アセスメントに基づいてオーダーメイドで作った自立課題でも、何らかの原因で取り組んでくれないことがあります。どう改善すればよいでしょうか?

視覚的構造化を見直してみたり一対一対応で練習してみましょう

　自立課題は、「自分ではじめて自分で終わる」ことに意義がある、本人の自己効力感を高めてくれるツールです。しかし、提示された自立課題のやり方がわからないと、取り組んでもらえないことがあります。そうした場合、視覚的構造化が不十分な可能性があります。視覚的構造化の3要素（視覚的指示・視覚的明瞭化・視覚的組織化）を見直してみましょう。本人が理解しにくい部分が明確になるかもしれません。本人の視点に立ってどこがわかりにくいかを考えることはもちろん、他の支援者にもどんな原因が考えられるか聞いてみましょう。

　視覚的構造化を強めても取り組んでもらえない場合、支援者と本人の一対一で教えるという手段もあります。自立課題の意義からは外れますが、やり方が身について1人でできるようになれば、自立課題として提供することができます。

　そのほか、自立課題に取り組む気持ちの準備ができていない場合があります。自閉症や知的障害のある人には、何事も見通しを伝えることが大切です。自立課題をいつ行うかをスケジュールに組み込み、行う際は過剰な刺激を制限するなどの物理的構造化に配慮し、どれくらいやるのか、終わったらどうするのかなどをワークシステムではっきり示します。それが不十分なのかもしれません。

　活動時間が長すぎたり、分量が多すぎたりすることが、本人のモチベーションを下げる原因になっている可能性もあります。はじめは10秒からでも1個からでもよいのです。無理なく取り組めるように見直してみましょう。

Q2

通常業務が忙しくて 自立課題を作る時間が ありません

通常の業務時間では作成の時間がとれません。自立課題を作るために、自宅に持ち帰ったり休日を使ったりするのは、はたしてよいことなのでしょうか?

A

自立課題作りは立派な「仕事」 勤務時間中に取り組みましょう

当然ですが、支援者にとって、自立課題作りは「業務」です。本人のアセスメントからはじまり、自立課題の力を借りてねらいを達成しようという支援計画を立てているわけですから、完全に「業務」の一部なのです。

実をいうと、筆者自身も、以前は自宅に持ち帰ったり、休日に作ったりすることがありました。職場内で自立課題作りが業務として認められている雰囲気がなく、むしろ趣味で楽しく「工作」しているように見られてしまっていたからです。自立課題が本人にとって有益なものであると認められるようになってはじめて、正式な「業務」としてお墨付きを得た、という経験があります。管理職になった今は、自立課題作りを積極的に推奨し、優先度の高い仕事であるという雰囲気を作っています。

自立課題作りが得意な人は、自らも楽しんで作っているでしょうから、その姿を見るとあまり仕事に見えないかもしれません。しかし、職場内でも自立課題作りは大切な「業務」という共通認識を広め、仕事の時間に堂々と作れる雰囲気を作ってください。

管理職が先頭に立って業務時間内で作ることを推奨すれば、より「自立課題を作るのは業務」という雰囲気が高まるでしょう。

自立課題の材料を買うお金はどうすればよいですか？

身の回りのものを活用したり、安価な材料を仕入れるとはいえ、自立課題を作り続けると出費もかさんできます。この費用はどこから出すべきでしょうか？

自立課題作りは「業務」なので材料費は職場の負担です

　自立課題の材料費は、数が増えるにつれふくらんできます。落としたり、壊れたりして、再調整することも多々あります。これを個人が負担しているようでは長続きしませんし、作りたいと思っても二の足を踏んでしまうことでしょう。筆者も自分で費用を負担していた頃がありました。なかには、「少額だから」と材料費を職場に経費請求しない人もいます。しかし、それでは単なる趣味になってしまいます。さらに、作った自立課題が誰の所有物かわからなくなってしまい、他の支援者がその自立課題に触れにくい状況になることもあります。経費で責任をもって、「業務」として「備品」を作ることが必要なのです。今では筆者も少額でもきちんと請求しています。

　自立課題はチームで共有し、ミーティング等で足りない要素を話し合うなどするので、どんな材料が使われているか、どこにお金がかかっているかも容易に想像がつきます。費用を請求しないで、「軽微な費用は個人で負担」という習慣ができあがらないよう、支援者全員が意識しましょう。

　自立課題によっては、材料がたくさん必要になることや、高い材料を使いたいこともあります。その場合は、あらかじめ管理職に許可を得たほうがよいでしょう。職場での経費計上ルール（例えば、「100円ショップのものは許可なしでOK」「それ以外の店なら事前に許可を得る」など）を作っておくことも有効かもしれません。

Q4

自立課題が大好きな利用者 日課を全部自立課題に してもよいですか?

自立課題が得意な人は、その時間はとても情緒が安定し、支援者も安心できる時間帯になります。ならば、1日中自立課題をしてもらってもよいのでは……?

A

自立課題はあくまでも日課の一つ 1日中自立課題を してもらうことは避けましょう

　自立課題は、アセスメントに基づいてオーダーメイドで作られ、視覚的構造化により本人がスムーズに取り組めるように設計されています。そのため、本人に適した自立課題を提供すると、情緒の安定をはかることができます。

　本人が落ち着いて集中し、次々に自立課題に取り組む姿を見ると、支援者はついそれに頼ってしまう……という気持ちもわかります。しかし、自立課題はさまざまな支援方法の一つにすぎません。運動の時間や、音楽・芸術に触れる時間もほしいでしょう。自立課題もそれらと同じメニューの一つとして提供してほしいのです。自立課題を全体の活動の軸にすることは有効なので、数ある活動の中で一番多くの時間を使うメニュー、というイメージなら適切でしょう。

　筆者の施設では、自立課題を活動の中心としている人が多くいますが、自由時間に行う自立課題を除き、全体の50%を超えない範囲で日課やスケジュールを組んでいます。本人の調子により、その割合は増減します。自立課題で情緒が安定する人なら、不調期は多めに設定すると調子を取り戻せます。

　どんなに大好きな活動でも、頻繁にやりすぎると飽きてしまいます。ほどよい期間で、ローテーションを組みながら本人のできる自立課題を提供できれば、長期にわたって安定した活動として機能させることができます。

完成した自立課題を元に戻すのはどのタイミングがよいですか?

自立課題は、スタート設定(はじめの状態)から完成に向けて行うものなので、次回使用するために、できあがったら元に戻す必要があります。戻すタイミングはいつが適切でしょうか?

A

せっかく完成させた自立課題 本人の達成感を損なわない タイミング・場所で戻しましょう

　本人ができる自立課題が増えると、支援者は1日の中で多くの自立課題の「完成品」に囲まれることになります。自立課題はくり返し提供することがほとんどなので、毎日スタート設定に戻す業務が発生します。

　本人が今せっかく完成させた自立課題を、見ている前で元に戻してしまうと、達成感を大きく損ないます。がんばって完成させてくれたことを高く評価し、自尊心を損なわないような配慮をしましょう。

　自立課題の「組み立て」カテゴリーの課題であれば、「分解」カテゴリーの自立課題として別の人に提供することで、スタート設定に戻すこともできます。ただし、その場合でも、元に戻すために「分解」の自立課題として提供するのではなく、「分解」に取り組むことが「ねらい」である場合に提供すべきでしょう。スタート設定に戻すことだけが目的であれば、それは支援者の仕事です。

　筆者の施設は、特に多くの自立課題を提供しているので、元に戻す作業もそれなりの時間を要します。完成した自立課題は見えないところでその作業を行います。別室であれば気を遣わずに完成したかをチェックでき、できていないところがあれば支援者間で共有したり、自立課題評価シートにしっかり記録したりできます。自立課題を元に戻す時間は、支援者の重要な業務の一つなのです。

Q6

「ねらい」が同じなら自立課題を複数の利用者で使ってもよいですか？

難易度の低い自立課題は、さまざまな利用者が取り組めそうです。でも、オーダーメイドが基本の自立課題。誰でもできるものは、「自立課題」といえるでしょうか？

A 視覚的構造化などが調整されているなら、他の人と共用できます

　個々人のニーズは千差万別とはいえ、「ねらい」が共通していることは多々あるでしょう。その結果、ほぼ同じ設定で複数人に提供されることもあり得ます。それでも支援者として常に意識してほしいのは「個別化の原則」です。自立課題を複数人で使いたい場合は、下記の3点を確認してみてください。これらが意識され、それぞれに必要なねらいや視覚的構造化の要素などをふり返り、その都度適した形・量に変更されていれば、複数で共用することもできます。

　また、なぜ、どのように同じ自立課題を共用するのか、周囲の職員と共有してください。「自立課題は使いまわせるもの」という誤った認識をもたないように注意してください。

　筆者の施設でも、複数の利用者が共用している自立課題があります。それでも、Aさんに提供する場合は分量を減らす、Bさんに提供する場合は材料を大きくして持ちやすくするなど、設定の変更をあらかじめ決めてあり、調整しながら提供できるようにしています。

①視覚的構造化はその人に適切な設定になっていますか？
②自立課題のねらいは確認できていますか？
③材料の量や取り組む時間は適していますか？

こだわりがあり、毎日同じ自立課題ばかり……よいのでしょうか?

物に対する強い興味や関心がある利用者。細部への注目が強すぎて、1つの自立課題を、こだわりのように毎日ずっとやり続けてしまうケースがあります。どう対応すればよいのでしょうか?

その自立課題の「好き」を維持しつつ、他のものもできるように広げていきましょう

　物へのこだわりが強い人の場合、自ら探し出してまで取り組む自立課題もあります。大好きで積極的に取り組んでいるため、余暇・自由時間のメニューとして、その自立課題はぜひ残しつつも、支援者としては、その人の楽しみの幅を広げていきたいですね。

　その自立課題をヒントにして、他の自立課題も提供してみましょう。例えば、食べ物やキャラクターなど、その自立課題との共通項を含む自立課題を新たに制作し、メニューを広げてみてはいかがでしょうか。

　筆者の施設では、本人が好んで自ら手に取るような自立課題は余暇場面に行ってもらい、作業場面や療育場面では、本人が積極的には選ばないような自立課題に取り組む時間、という設定をしています。好きな自立課題は余暇場面に思いきりできる、という見通しがあるので、抵抗なく取り組んでくれています。

　一方、常同的・反復的行動の強さのために同じ自立課題をくり返す場合もあります。「いつもやっているから、やらねばならない」という強迫的な気持ちがあるのかもしれません。この場合は、苦しんでいる可能性もあり、いったんその自立課題を撤去し、苦しい習慣を断ち切ることが必要なこともあります。よく観察し、支援者ミーティングにおいて複数の視点で話し合ってみてください。

Q8

自宅でも、自立課題の時間を設けたほうがよいでしょうか?

自立課題は柔軟に活用できるため、自宅でも導入できそうです。しかし、本人は自宅での過ごし方として自立課題を求めているのでしょうか?　支援者や家族の思いが先行しすぎていないでしょうか?

A

自宅で安定した生活が送れているなら、無理をして導入する必要はありません

　支援現場で、自立課題を上手に取り入れて成果を出している実践例を多く見るようになりました。成功している実践例を見聞きすると、支援者・家族としては「自宅でも導入できる（すべき）かも」と考えることでしょう。

　もし、自宅で導入するとして、「ねらい」は何でしょうか?　自宅で取り組むために、物理的構造化やスケジュール、ワークシステムは組めるでしょうか?　単に自立課題を渡してやってもらうという話ではすまないのです。施設や学校で好んで取り組んでいる自立課題でも、本人は自宅ではやりたくないと思うかもしれません。問題の有無にかかわらず、自宅での過ごし方には、これまでに確立したルーティーンや過ごし方があるでしょう。それをリセットしてでも新たな活動を取り入れないと自宅での生活が破綻するということであれば、構造化をして自立課題を導入するメリットはあるかもしれません。

　しかし、現状の過ごし方で大きな問題がないのなら、無理してまで新しいことを導入する必要はないと考えます。今までのパターンが崩れたり、リラックスできる自宅が緊張する場所になったり、違う問題が起きるリスクがあるからです。

　実際は、状況を聞いて作って試すことはありますが、いずれにせよ、個別のケースごとに事情を判断することになるでしょう。

4

[監修者]

諏訪利明　すわ・としあき

川崎医療福祉大学
医療福祉学部医療福祉学科　准教授

1984年上智大学文学部心理学科卒業、1986年同大学大学院博士前期課程教育学専攻心理コース修了。社会福祉法人県央福祉会県央療育センター、同法人海老名市立わかば学園園長と明治大学非常勤講師を兼務し、2011年より川崎医療福祉大学非常勤講師に着任。翌年より現職。
TEACCH公認上級コンサルタント、公認心理師。日本臨床心理学会、日本特殊教育学会、日本自閉症スペクトラム学会会員。
障害をもつ子どもたちの療育、その家族との相談の業務に長年携わる。現在は大学生たちの指導にあたりつつ、広く障害理解の啓発を行っている。

[著者]

林 大輔　はやし・だいすけ

社会福祉法人大府福祉会
たくと大府　施設長

1998年同朋大学社会福祉学部卒業。同年社会福祉法人大府福祉会に入職、同法人あけび苑に着任。サービス管理責任者勤務を経て、2016年より同法人たくと大府副施設長、2017年より現職。
社会福祉士、公認心理師。
TEACCHプログラム研究会愛知支部代表。
自閉症・行動障害をもつ方々を支援する現場の最前線で日々実践に携わる。現在までに制作した自立課題の数は400点以上。
著書に、『自閉症児・者のための自立課題アイデア集 身近な材料を活かす95例』『知的障害・自閉症のある人への行動障害支援に役立つアイデア集65例』『自閉症・知的障害者支援に役立つ　氷山モデル・ABC分析シートの書き方・活かし方』（いずれも中央法規出版刊）がある。

[制作]

企画・編集・制作 ── 編集工房まる株式会社　西村舞由子
デザイン・DTP ───── キガミッツ　森田恭行、高木瑶子、森田 龍
写真撮影 ─────── 有限会社アートランダム　箕浦敬浩／平山陽子
撮影協力 ─────── たくと大府　杉本 静

TEACCHプログラムに基づく
自閉症・知的障害児・者のための
自立課題アイデア集　第2集
目的別に選べる102例

2023年4月20日　発行

監修 ───── 諏訪利明
著者 ───── 林 大輔
発行者 ──── 荘村明彦
発行所 ──── 中央法規出版株式会社
　　　　　　〒110-0016
　　　　　　東京都台東区台東3-29-1　中央法規ビル
　　　　　　Tel 03-6387-3196
　　　　　　https://www.chuohoki.co.jp/
印刷・製本 ── 株式会社ルナテック

定価はカバーに表示してあります。
ISBN978-4-8058-8849-0